AMOR·LIBRORUM·NOS·UNIT

Das Büchlein vom Gelde und Geize

für Lateiner und Nichtlateiner

Mit etlichen in Kupfer gestochenen
Sinnbildern aus dem Jahre 1607
zusammengestellt und beschrieben
von
Guido Pressler

Guido Pressler Verlag Hürtgenwald

Die Wiedergabe der Kupferstiche erfolgte nach einem Exemplar aus Privatbesitz

Die lateinischen und deutschen Textstellen wurden vorwiegend nach der von Walter Brauer herausgegebenen ›Moralia Horatiana‹, Wiesbaden 1963, zitiert

ISBN 3 87646 092 1

Das Büchlein vom Gelde und Geize

Titel-Kupfer der ›Doctrine des mœurs‹

Kopfleisten-Kupfer der ›préface‹ der ›Doctrine des mœurs‹
(A steht für Anna v. Österreich, L für ihren Sohn Ludwig XIV.)

Einführende Bemerkungen

Editio princeps, Antverpiae 1607 – Die 18 Kupferstiche über Tugend, Reichtum und Geldgeiz stammen ursprünglich aus der 103 Bilder umfassenden Kupferstichfolge ›Emblemata Horatiana‹, die der niederländische Künstler Otho van Veen (geb. 1556 zu Leyden; gest. 1629 zu Brüssel) gestochen hatte. Das Buch, in Folio-Format, erschien 1607 in Antwerpen unter dem Titel ›Q. Horati Flacci Emblemata, imaginibus in aes incisis notisque illustrata, studio Othonis Vaeni Batavolugdunensis. Antverpiae: Ex officina Hieronymi Verdussen, Auctoris aere et cura. 1607.‹ Zu Versen römischer Dichter, mit Vorliebe zu Zitaten des Lyrikers Horaz (= Quintus Horatius Flaccus, geb. 65 v. Chr. zu Venusia in Apulien, heute: Venosa; gest. 8 v. Chr. zu Rom), stellte er Themenreihen zu Freundschaft, Liebe, Glück, Zucht, Tugend und Weisheit, Laster, Zeit und Tod zusammen und schuf dazu, thematisch-sinngemäß, entsprechende Bilder. Der Blick auf Stich und Text erlaubte eine zweifache Lesart, aber auch den Wechsel von der einen zur anderen. Diese Kombination war sehr beliebt. Bis ins 20. Jahrhundert erschienen in verschiedenen Ländern immer wieder Ausgaben mit den Bildfolgen von Veen (auch: Vaenius oder Venius). Besonders augenfällig sind die französischen und deutschen ›Abkömmlinge‹. Ihr Bezugsverhältnis gilt es kurz zu erläutern.

Französische Ausgabe, Paris 1646 – Der »Graveur Ordinaire Du Roy« Pierre Daret hat zusammen mit anderen von ihm beauftragten Kupferstechern – so der Text des königlichen Privilegs – zehn Jahre an dem Bilderschmuck für diese erste französische Ausgabe gearbeitet. Die große Kupferstichfolge wurde nach den Originalvorlagen Otho van Veens neu gestochen, teilweise in minderer Qualität, so daß die Vermutung naheliegt, daß der künstlerisch-technisch sehr versierte Stecher Pierre Daret de Cazeneuve (1604–1678) als Reproduktionsstecher nicht tätig wurde und die Kupferplatten nach Otho van Veen wohl von anderen Stechern gefertigt wurden. Daret, von ihm sind insgesamt über 150 Stiche nachgewiesen, fügte der Ausgabe eigene Stiche – Titelkupfer, Kopfleisten, Initialen – hinzu, um sich so als Peintregraveur von den von ihm abhängigen einfachen Reproduktionsstechern (Kopisten) zu unterscheiden.

Ein Hinweis auf Otho van Veens 103 Kupfer findet sich nicht in der Ausgabe, die aus zwei Teilen besteht. Der Haupttitel (erster Teil) nennt 100 Stiche (»cent tableaux«) und ebenso viele Erklärungen (»et expliquée en cent discours«). Der erste Teil enthält 60 »tableaux« und 60 »explications«; der zweite Teil umfaßt 43 »tableaux« und auch 43 »explications«. Im Zwischentitel-Kupfer (zweiter Teil) bezeichnet sich Daret als »Graveur Ordinaire Du Roy«.

Die Kopien der Veenschen Kupfer erscheinen in einer anderen Reihenfolge als in der ›Emblemata Horatiana‹ von 1607. Die neue Anordnung, die in anderer Reihenfolge wieder das gleiche bringt, die Nennung von nur 100 Stichen und Erklärungen und die neu hinzugefügten Originale Darets könnten Hinweise für ein Verfahren sein, das Hinweisschild ›Otho van Veen‹ mit voller Absicht fortzulassen.

Gestochene Initiale der ›préface‹ der ›Doctrine des mœurs‹
(Adler, Begleiter des Zeus)

Zu jedem Stich werden lateinische, vorwiegend Horaz-Zitate, und französische Verse gestellt. Die »explications« zu den Kupfern, splendid in der Garamond-Antiqua-Schrift gesetzt, stammen von Gomberville. Jede Erklärung beginnt mit einer acht oder neun Zeilen großen Initiale, die, reich verziert, den Buchstaben füllt und den Foliengrund umgibt.

Marin le Roy de Gomberville (1600–1674) – Gomberville schrieb lehrhafte, galante Poesien, umfangreiche Ritterromane, von denen ›Polexandre‹ (ab 1632) sehr bekannt wurde. Der Ritter Polexandre zieht durch die Welt bis ins ferne Mexiko, um die Mitbewerber um seine Dame Alcidiane zu besiegen. Er besiegt sie alle; sein Lohn ist platonische Liebe. Nicht nur ferne Welten, sondern auch Menschen vergangener Zeiten werden von Gomberville in Anlehnung an den antiken griechischen Roman sowie an die Schäferdichtung mit ihren heiteren Bildern ländlichen Lebens und ihrer späteren Verbindung zu höfischer Ranküne und Liebeshändel überspannt beschrieben oder unter dem Einfluß des Ritterromans, vor allem des Amadisromans (›L'Amadis des Gaules‹), moralisch-schwärmerisch dargestellt. Das Gefühl für Sitte und Anstand, aber auch augenfällige, ja übertriebene Diesseitsfreude bestimmen die dualistisch schattierte Lebensführung im 17. Jahrhundert. Das Jahrhundert wird nach dem Wort ›barroco‹ (portugiesisch: Perle von unregelmäßiger Form) genannt – nomen est omen.
Eine entscheidende Neuerung, die zu einem reichhaltigen, weitverbreiteten Anschauungs- und Ausdruckssystem führte und beim Leser im Europa des 16. und 17. Jahrhunderts sehr beliebt war, war die ›bildhafte Dichtung‹, die ›malende Dichtkunst‹ – »ut pictura poesis« (Horaz) –, zuerst verwirklicht durch den italienischen Rechtsgelehrten und Humanisten Andrea Alciati mit dem ›Emblematum liber‹ (Augsburg 1531). Zu dieser visuell-geistigen Verbindung von Bild und Sprache, von Bildersprache (Emblematik, von griechisch: Emblema = eingelegtes Zierwerk) und Schriftbild lieferte Gomberville den Text für die Bildinhalte.
Die Daret-Gombervillesche ›Doctrine des mœurs‹ (Sittenlehre) fand großen Anklang, gefiel mit ihren Textauszügen aus den Lehren der Stoiker (»tirée de la

philosophie des Stoïques«) dem Leser-Betrachter, sprach mit ihren Wertgehalten auch in Deutschland die Sinne und Empfindungen der Menschen an.

Deutsche Ausgabe, Amsterdam 1656 – Zehn Jahre später erschien die deutsche Ausgabe der ›Doctrine des mœurs‹ unter dem langen Titel ›Moralia Horatiana: Das ist Die Horatzische Sitten-Lehre / Aus der Ernst-sittigen Geselschaft der alten Weise-meister gezogen / und mit 113 in kupfer gestochenen Sinn-bildern / und eben so viel erklaerungen und andern anmaerkungen vorgestellet: Itzund aber mit neuen reim-baenden gezieret / und in reiner Hochdeutschen sprache zu lichte gebracht durch Filip von Zesen. Gedrukt zu Amsterdam / Auf kosten Kornelis Dankers / durch Kornelis de Bruyn / im 1656 Heil-jahre.‹ Die Kupferstichfolge wurde abermals neu gestochen. Der Text der deutschen Ausgabe, in Oktav-Format, besteht ebenfalls aus zwei Teilen. Er beginnt mit einem von Georg Philipp Harsdörffer (1607–1658) verfaßten Widmungsgedicht für Zesen; es folgt eine »Gnaden-Gewogenheit« vom Verleger Dankers auf und ein von Zesen verfaßtes »Reihen-Lied der Tugenden« für Marie-Elisabeth von Holstein-Gottorp.

Der erste Teil enthält, wie die französische Ausgabe, 60 Stiche. Die Zahl der »explications« zu den Kupfern, nun »Erklaehrungen der Bild- und lehr-tafeln« genannt, beläuft sich ebenfalls auf 60. Der zweite Teil, »das andere Teil«, enthält, wie der zweite Teil der französischen Ausgabe, 43 »Bild- und Lehr-tafeln« und auch 43 »Erklaehrungen«, insgesamt gibt es 103 Erklärungen zu 103 Stichen, nicht, wie der Haupttitel angibt, »113 in kupfer gestochene Sinn-bilder«. Analog der französischen Ausgabe fehlt ein Hinweis auf die Veensche Kupferstichfolge von 1607. Der erste Teil schließt mit einem achtundzwanzigzeiligen Lobgedicht (in Alexandrinern, Zäsur nach der 6. Silbe, teilweise Enjambement) auf Zesen und seine Übersetzung, dessen Verfasser Hans Siegmund von Zeidler, ein »Meisnischer Edelman«, war:

> »was unser ZESEN weis / der Deutschen hoechste Zier /
> Apollons liebster Sohn / der mehr als alle hier
> nach tugend rennt und strebt. Seht / wie Er sich bemuehet;
> wie unser Deutsches man durch Ihn viel schoener siehet.«
> *(v. 9–12)*

Philipp von Zesen (1619–1689) – Zesen, in dem Gedicht in barocker Fiktion als »Apollons liebster Sohn« bezeichnet, als Sohn des Gottes des Lichtes, des Bewahrers der geistigen Klarheit und sittlichen Reinheit sowie der Bildung, studierte in Wittenberg, war als Lyriker, Erzähler, Übersetzer, Sprachgestalter und Poesietheoretiker tätig. Bereits 1640 veröffentlichte er eine Poetik, seinen ›Hochdeutschen Helikon oder Grundrichtige Anleitung zur hochdeutschen Dicht- und Reimkunst‹; sein Hauptwerk ›Die Adriatische Rosemund‹ (Roman) erschien fünf Jahre später (1645). Nach seinem Studium ging er nach Hamburg, in eine der wenigen Städte, die von den Verwüstungen im Dreißigjährigen Krieg verschont blieben. Wiederholt wohnte er auch in Amsterdam. Seinen Lebensunterhalt verdiente er mit Schreiben oder Übersetzen, bekam auch Zuwendungen hochwohlgeborener Gönner, wurde selbst geadelt und 1648 in den 1617 gegründeten ›Palmenorden‹ (›Fruchtbringende Gesellschaft‹; ihr Sinnbild war die Palme; ihr Vorbild war die ›Crusca‹ mit dem Sinnbild der Kleie, die italienisch crusca

Zwischentitel-Kupfer (zweiter Teil) der ›Doctrine des mœurs‹
Paris 1646

MORALIA HORATIANA.

Das ist

Die Horazische

Sitten-Lehre /

Aus der Ernst-sittigen Geselschaft der alten Weise-meister gezogen / und mit 43 in kupfer gestochenen sinn-bildern / und eben so viel erklärungen und andern anmärkungen vorgestellet:

Itzund aber aufs neue übersehen / hier und dar verbessert / und mit reimgedichten vermehret und gezieret durch

Filip von Zesen.

Das andere Teil.

Gedrukt zu Amsterdam / durch Kornelis de Bruyn /

In verlegung Kornelius Dankers / im Jahr 1656.

Zwischentitel (zweiter Teil) der ›Moralia Horatiana‹
Amsterdam 1656

heißt; diese florentinische Gesellschaft bestand seit 1582) aufgenommen. Die ›Fruchtbringende Gesellschaft‹ wollte ›fruchtbringend‹ tätig werden; sie wirkte tatsächlich veredelnd auf die deutsche Sprache ein. Sie war eine Sprachgesellschaft, weniger eine Dichtervereinigung. Der Literat Zesen hatte mit den ›Gesellschaftern‹, zunächst Fürsten und Adeligen, später Gelehrten, die ihre Traktate in Latein schrieben und als Dichter minder begabt waren, so seine Schwierigkeiten. Sein großer Eifer, die deutsche Sprache, auch im Sinne des ›Palmenordens‹, von fremder Einflußnahme zu befreien, ein reineres Deutsch für Dichtung und Bildung zu schaffen, führte zu großartigen Wortprägungen, die bis heute die deutsche Sprache bereichern (z. B. Staatsmann, Heerschau, lustwandeln). Aber sein Eifer hinsichtlich der Sprachreinigung wurde hier und da zum Übereifer irregeleitet, da Zesen alle Fremdwörter ›umdeutschen‹ wollte, selbst die schon lange eingebürgerten. Neuschöpfungen finden sich auch in der Zesenschen Übersetzung des Gombervilleschen Textes. In der zweiseitigen »préface«, von Zesen mit »Vorrede« übersetzt und dreiseitig, da in größerem Schriftgrad gesetzt, finden wir bereits Beispiele seiner Neuerungen: »l'imagination« (»innerliche bildungs-kraft«), »la rivale« (»mitbuhlerin«), »des Temples« (»allerheiligste goetliche gebeue«), »des Palais« (»weltliche Koenigliche gebeue«), »les Republiques« (»Stahts-wesen«), »la belle Philosophie« (»wahre Weisheit«), »superbe Galerie« (»praechtiger Lust-Saal«), »toute la seuere Morale des Stoïques« (die gantze gestrenge lehre der Ernst-sittigen / und Stoischen / oder / so zu sagen / Ganglehrer«), »la nature de l'homme« (»die angebohrenheit des Menschen«), »la gloire« (»ehrenruhm«), »la Variée« (»Verwandlungs-schule«), »le premier Auteur« (»der erste urheber«).
Die Erklärungen zu den Bildern wurden in strenger Fraktur gesetzt, je nach der Länge des Textes in größerem oder kleinerem Schriftgrad mit wenig Zeilenabstand und in Blocksatz. Wie im französischen Original beginnen sie jeweils mit einer Initiale, die 3 oder 4 Zeilen hoch und unverziert ist, wobei die folgende Zeile noch eingezogen wurde. Die Bildlegende (Text unter dem Kupferstich), stets in kursiver Antiqua-Majuskel, zeigt unregelmäßige Stärken an den Rundungen, optisch unbefriedigend sind die Buchstabenzwischenräume, Zeichen wohl dafür, daß in Deutschland mit der Antiquatype nur vereinzelt, mit kursiver Antiqua kaum gesetzt wurde.
Im Zesenschen Nachwort steht der Satz: »Auch habe ich unserer edlen muttersprache den hohn und schimpf nicht antuhn wollen / sie mit fremden undeutschen woertern aus zu flikken und zu verunehren / ungeachtet des schmachsuechtigen / mehr toehrichten / als klueglichen wider-baelberns etlicher der Hochdeutschen Mutter aus der ahrtgeschlagenen oder vielmehr Basthart-kinder...« Hier klingt der große Einfluß fremder Sprachen auf die deutsche Sprache an, vornehmlich der des Französischen.

Die Stoa und Horaz – Ferner heißt es bei Zesen im Nachwort: »... die sprueche / so ich aus Horatzen und andern zu unsrem werklein geordnet...« hat der »... allerlehr-reichste Dicht-meister der Roehmer ... als den Kern aus der Griechischen Sitten-lehre der alten Ernst-sittigen Weise-meister gezogen / und in seinen dichtereien hier und dar sehr ahrtig angebracht.« Mit den »alten Ernst-sittigen Weise-meistern« ist eine der bedeutenden antiken Philosophenschulen gemeint:

die Stoa (die Vertreter von anderen waren beispielsweise die Epikureer, Skeptiker und Neuplatoniker). Der Gründer der Stoa war Zenon von Kition auf Zypern (336 v. Chr. – 264 v. Chr.). In der Säulenhalle (stoa) zu Athen (nach ihren Malereien die bunte Halle – griechisch: stoa poikile – genannt) lehrte der von seinen Schülern hochgeehrte Philosoph viele Jahre lang; er soll freiwillig gestorben sein. Die Hauptaufgabe, die sich die Stoiker, die »Gang-lehrer«, stellten, war, gegen den politischen, moralischen und religiösen Verfall im damaligen Griechenland anzukämpfen. Sie wollten den Menschen einen Halt geben, versuchten Grundsätze für ein sittliches Leben aufzustellen: Die spezifische Natur des Menschen sei seine Vernunft. Naturgemäßes Leben bedeute vernunftgemäßes Leben. Vernunftgemäßes Leben heiße, sein Leben nach den Vernunftgesetzen, die Sittengesetze seien, zu gestalten. Sie zu befolgen war das oberste Moralprinzip der Stoiker. Triebe, Begierden, Affekte seien schädlich, weil sie den von ihnen beeinflußten handelnden Menschen unglücklich machten. Sie müßten gezügelt werden, darin bestehe das Wesen der Tugend. Alle ›Güter‹ dieser Welt beeinträchtigten unsere Vernunft, da sie Gegenstände unserer Triebe seien und unsere Begierden und Leidenschaften anstachelten. Reichtum, Wohlstand, Ehrungen, an sich gleichgültige Dinge, seien deshalb nachteilig, weil sie Affekte hervorriefen. Bedürfnislos und begierdefrei, ohne Leidenschaften (›in Apathie‹), also tugendhaft solle das Leben gelebt werden, um frei und weise und somit glückselig zu sein. Diese Idealisierung bedeutete: Vernunft mußte ganz herrschen, allein ihre Ganzheitsstruktur wies den Weisen aus. Vernunft, der nur eine Winzigkeit fehlte, war keine. Man besaß sie vollständig, war dann ein Weiser, oder überhaupt nicht, war dann ein Tor. Weiser oder Tor, diese in der orthodoxen Lehre getroffene strenge Abgrenzung, die keinen Spielraum ließ, erwies sich als undurchführbar, weil kein Mensch sein Triebleben verleugnen konnte und kann. In der Folgezeit wurden die Lehren der Stoa umgestaltet; eine großzügig denkende und lebensnahe Stoa hielt Einzug in die gebildeten Kreise Roms, wurde Mode, vermischte sich mit anderen philosophischen und religiösen Gedanken und versandete schließlich im Zeitenstrom der Philosophie.
Philosophisch-ethische Ideen der Stoiker finden teilweise ihren poetischen Niederschlag bei Horaz, der, geboren in politisch stürmischer Zeit der römischen Republik, Sohn eines ehemalig Unfreien war. Als ›ingenuus‹ (frei geboren) besuchte er in Rom eine Schule, deren Schüler vor allem Kinder der höheren römischen Gesellschaft waren. Eine kurze höhere Ausbildung erhielt er in Athen, schloß sich Brutus, dem Mörder Caesars und dem Gegner Octavians, an, wurde Militärtribun (›tribunus militum‹; diese Stellung war eigentlich nur der römischen Nobilität vorbehalten) und nach der von Brutus verlorenen Schlacht bei Philippi (42 v. Chr.), nach Flucht und Enteignung Staatsschreiber im Schatzamt (›scriba quaestorius‹). Als Dichter wurde er von dem sehr einflußreichen Maecenas gefördert (seit 38 v. Chr.), der auch ›Mäzen‹ zweier anderer großer römischer Dichter war: Properz und Vergil. Horaz, Meister der sprachlichen und metrischen Form, verfaßte nach der Schlacht von Actium (31 v. Chr.) Lobgedichte auf Caesar Octavian, der in dieser Schlacht seinen letzten großen Widersacher, Antonius, ausgeschaltet hatte. Octavian (= Augustus, Imperator, Kaiser von ca. 30 v. Chr. – 14 n. Chr.) bot ihm ein hohes Amt an, das Horaz ablehnte. Horaz' literarisches Werk, nicht sehr umfangreich, ist von großer

QVE pouuoit choiſir nôtre Peintre de plus charmant & de plus aymable, pour nous exciter à la pratique de la vertu, que la belle varieté qu'il nous figure en ce tableau? Certes, ie le conſidere comme vne viue image de la glorieuſe condition de nos eſprits; & ſi i'entends bien ſon langage muet, il me dit, que la Nature nous a trop aymez, pour vouloir que nous vécuſſions vne vie d'eſclaues; ou plutoſt pour nous auoir animez d'vne ame née à la ſeruitude. Ouy, mes amis, nous ſommes nez libres. Nous ſommes nez les arbitres, & les artiſans de nôtre fortune. Nos inclinations ne ſont point contraintes. Elles ſe portent librement à ce qui leur paroiſt le plus digne d'eſtre embraſſé; & auec la meſme liberté, elles nous choiſiſſent nos emplois & nos exercices. Regardez ce Peintre qui ſe laiſſe ſi agreablement emporter à ſon caprice. Il regne dans ſon trauail; & ne ſeroit pas heureux comme il eſt, ſi au lieu de ſon pinceau, on luy mettoit vn ſceptre à la main. Vous en deuez croire autant de ſon voiſin, qui trouuant dans ſa belle melancholie, & dans ſes ingenieuſes viſions, quelque choſe au delà des Empires & des conqueſtes, eſtime le laurier qu'il a ſur la teſte, plus noble & plus glorieux que celuy des Alexandres & des Ceſars. Si vous iettez les yeux plus loin, vous découurirez vn Medecin & vn Mathematicien, qui ont rencontré leur element & leur ioye dans la connoiſſance des choſes qui ſont conformes à leurs inclinations. Entrez, ie vous prie, iuſques dans la boutique de ces Forgerons; & leurs viſages auſſi bien que leurs chants, vous apprendrons que leur labeur eſtant vn labeur volontaire, leur eſt vn labeur delicieux. De là, concluez que chaque homme compoſe ſa propre beatitude; & que pourueu qu'il apporte au choix de ſa condition, tout le iugement & toute la connoiſſance qu'elle exige de luy, il eſt impoſſible qu'il ne faſſe dés cette vie, vn eſſay des felicitez de l'autre.

EXPLICATION DV DEVXIESME TABLEAV.

ON vient de nous enſeigner, que nôtre bonne fortune dépend de nôtre élection. C'eſt donc à nous a faire vn bon choix, puiſque c'eſt luy ſeul qui nous peut rendre heureux. Mais d'autant que c'eſt à vn pas ſi gliſſant que les hommes font ordinairement de bien lourdes cheutes, nôtre Philoſophe nous en veut aduertir, afin que ſi nous venons à tomber, nous n'en accuſions que nous meſmes. Cette peinture nous repreſente par vn plaiſant caprice, le peu de iugement que nous apportons au choix de nos exercices; & le repentir qui comme le mal-heureux compagnon de nôtre imprudence, marche continuellement ſur nos pas. Ce bœuf peſant & pouſſif, qui a quitté le ioug pour la bride, & le labour pour la guerre, ſe plaint du changement de ſa condition; & ſe prend au Ciel, de ce qu'il s'eſt laiſſé tromper au faux éclat, & à la vaine pompe des ornements redoutables que les hommes ont inuentez pour la ſeruitude des cheuaux. Mais laiſſons ce bœuf dans la punition de ſon orgueil; & confeſſons que la Nature comme vne bonne & charitable mere, porte également tous les animaux à la recherche de leur beatitude; & que s'ils ne s'écartent point du chemin qu'

Textseite (zweiter Teil, erste Seite der ›explications‹)
aus der ›Doctrine des mœurs‹

Die Sitten - lehre.

1. Cuique suum studium.

Lib. 1. Epist. 14.

Quam scit uterque, libens censebo, exerceat artem.

Lib. 2. Epist. 1.

Navem agere ignarus navis timet: abrotanum ægro
Non audet, nisi qui didicit, dare. Quod medicorum est
Promittunt medici, tractant fabrilia fabri.

Erklährung der ersten Bild- und lehr-tafel.

WAs könte unser Künstler wohl anmuhtigers und lieblichers wählen/uns zur ausübung der tugend an zu reitzen/ als die angenehme veränderung und manchfältigkeit/die er uns in dieser kunst-tafel vorbildet? In warheit/ ich beherzige sie als ein lebhaftes bild der herrlichen beschaffenheit unsers geistes; und wan ich anders ihre stumme sprache recht verstehe/ so sagt sie mier/daß uns die natur alzu lieb hehabt/uns zur knechtschaft zu erzielen/ oder vielmehr eine seele ein zu gießen/ die zur leibeigenschaft geschaffen. Ja freilich seind wier frei gebohren. Wier seind will-kührliche/ und meister unsers eignen glükkes. unsere zuneugungen seind nicht gezwungen. Sie haben freie macht sich auf dasjenige zu begeben/ das ihnen am besten vor sie zu sein dünket/ ja mit eben dergleichen freien wilkühr erwählen wier uns unser amt und unsern beruf. Sie sehen nur diesen mahler an/ der seiner guhten eigenwilligkeit mit solcher lust folget/ daß er auch in seiner arbeit herschet/und so glükseelig nicht sein würde/ wan man ihn/ an stat seines mahler-stabes und pinsels/einen Reichs-oder Königs-stab in die hand gebe. Eben dasselbe sollen sie auch von seinem nachbahr gedenken/ welcher den lorbeer-krantz/ indem er in seiner angenehmen tiefsinnigen andacht und geistreichen erfin-düngen und gesichtern/etwas höhers/ als in besitzung der aus-beuten und welt-reiche/ befindet/ auf seinem heupte höher/ herlicher/ edeler und rühmlicher schätzet/ als denselben/ den Alexander und Zeser getragen. Wan sie was weiter hinein sehen/ werden sie eines Artztes und Maß-kündigers ansichtig werden/die ihre lust und vergnügung im erkentnüs derer dinge gefunden/ welche mit ihrer zuneugnung überein kommen. Gelangen sie noch ferner hinein bis vor jene schmiede; so werden sie gewahr werden/so wohl aus ihrem singen/ als aus den gesichtern/ daß ihnen ihre arbeit/ weil sie willig darzu seind/ nur eine wollust sei. Hieraus können wier schließen/ daß einieder mensch ihm seine seeligkeit selbst machet; und wan er/ neben solcher seiner freien berufs-wahl/allen verstand und erkäntnüs hat/ so sein beruf erheischet/ dan ist es unmüglich/ daß er in diesem leben nicht den vorschmak der seeligkeit des folgenden ewigen lebens empfinden solte.

1. Viel

Textseite (zweiter Teil, erste Seite der ›Erklärungen‹)
aus der ›Moralia Horatiana‹

Wirkung auf die abendländische Literatur. Es gehört zu dem Erbe der Antike, bei dem alle Versuche, geistig von ihm loszukommen, bis heute fehlschlugen. Horaz' ›Ars poetica‹ war Ursprung aller Dichtungstheorien der Frühen Neuzeit. In seinen ›Oden‹ und ›Epoden‹ lehnte er sich an griechische, in den ›Satiren‹ an römische Vorbilder an und führte sie stilistisch-formal und inhaltlich zur Höhe. Sein überliefertes Werk umfaßt: 1 Buch ›Epoden‹ (17 Gedichte, ›iambi‹), 4 Bücher ›Oden‹ (103 Gedichte), 2 Bücher ›Satiren‹ (18 Versessays, ›sermones‹) und 2 Bücher ›Briefe‹ (23 Versepisteln, ›epistulae‹, darunter auch die ›Ars poetica‹). Sein Hauptwerk sind wohl die ›Oden‹, (griechisch: Gesänge, Lieder), die Horaz ›carmina‹ (›Gedichte‹) nannte. Die ersten drei Bücher wurden 23 v. Chr., das vierte und letzte Jahre später veröffentlicht. Seine ›Oden‹, deren Verse wahrscheinlich nicht gesungen, sondern nur gesprochen wurden, sind nicht derart, daß sie vor allem der Stimmung dienen und verschiedene Gefühlslagen erzeugen (wollen). Die Horazische Ode, zum Beispiel in der Form der ›alkäischen Strophe‹ (nach dem griechischen Lyriker Alkaios, um 600 v. Chr., genannt) – vierzeilig, 1. und 2. Vers gleichgebauter Elfsilber, 3. Vers ein Neunsilber, 4. Vers ein Zehnsilber – oder der ›ersten sapphischen Strophe‹ (nach der griechischen Lyrikerin Sappho, ebenfalls um 600 v. Chr., genannt) – vierzeilig, 1., 2. und 3. Vers gleichgebauter Elfsilber, 4. Vers ein Fünfsilber, ein ›Adoneus‹ – versucht, anders als das Lied, den schweigenden Dialogpartner anzusprechen, feierlich streng, mit leiser Ironie, mit schwerem Unterton, spielerisch leicht. Die inhaltlich abwechslungsreiche Horazische Ode will den Rezipienten anregen, sich seine eigenen Gedanken zu machen, sich sein eigenes Urteil zu bilden, wozu Horaz sich gern auch der Frageform bedient (Abb. 1: Hor. Od. III, 24, v. 42 – 44). Für die Horazischen ›Satiren‹ (lateinisch: satura = Gemengsel, Allerlei) war der römische Satirendichter Lucilius (geb. um 180 v. Chr.) mit seinen politisch-witzigen, seinen unbekümmerten, die Mißstände der Gesellschaft anprangernden literarischen Gebilden Vorbild. Unter Horaz erreichte diese typisch römische Dichtform sprachkünstlerisch ihre Vollendung.
Inhaltlich, gedanklich wird das ›Allerlei‹ der Welt geschildert mit seinen Licht- und Schattenseiten: das römische Tagesgeschehen, politischer Unmut, persönliche Erlebnisse, Freundschaft, Zweifel, Ehebruch, Geiz, Ehrsucht, Lüsternheit, Glückseligkeit. Horaz erzählt von seinem Vater, parodiert den Kreis um Maecenas und die Genüsse des Lebens. Horaz eignet sich lebensphilosophische Anschauungen Epikurs (341 v. Chr. – 270 v. Chr.) an, dessen Lehre den dauernden Zustand ruhiger Glückseligkeit, äußere und innere Ruhe oder ›Ataraxia‹ (griechisch: ›Unverworrenheit‹) für den Menschen anstrebte. Er greift die Stoiker an, verspottet sie, nimmt sie aber auch wieder ernst. – In den späteren Jahren sollte er sich ihnen immer mehr verpflichtet fühlen. – Er scherzt, zweifelt, ist skeptisch, selbstironisch und erzählt in einer wundervollen (satirischen) Fabel von der ›Land- und Stadtmaus‹ das Verhältnis zwischen ihm, der Landmaus, und Maecenas, der Stadtmaus.
Die Horazischen ›Briefe‹ weisen sich als Texte aus, in denen mancherlei aus den ›Satiren‹ an- und durchklingt. In unserer kleinen Bildfolge fällt auf, daß nur aus dem 1. Buch der ›Briefe‹ Texte zu finden sind. Von den 7 Textstellen stammen 3 aus dem 10. Brief (Abb. 2: I, 10, v. 39 – 41; Abb. 7: I, 10, v. 24; Abb. 16: I, 10, v. 47 – 48) und 2 aus dem 16. Brief (Abb. 5: I, 16, v. 67 – 68; Abb. 16: I, 16, v. 63 – 66). Der Adressat der 10. Epistel ist des Dichters Freund Aristius Fuscus,

der, im Gegensatz zu dem das Landleben liebenden Horaz, die Stadt schätzte; im übrigen glichen sie sich jedoch fast wie Zwillinge. In schöner, bildreicher Sprache lobt der Dichter die ländliche Idylle (Fels, Flur, Quelle, gute Luft, Bauernbrot); dann kommt er auf die stets sich erneuernde Gewalt der Natur zu sprechen: »naturam expelles furca, tamen usque recurret« – »Natur magst du austreiben mit der Heugabel: Natur kehrt beharrlich zurück« (v. 24). Er empfiehlt seinem Freund, alles ›Große‹ zu meiden, sich die Freiheit zu bewahren, die »kostbarer ist als alles Gold«, (v. 39–41), und läßt, da nun selbst schon an Jahren älter, seine gereifte Lebenserfahrung einfließen: »imperat aut servit collecta pecunia cuique, tortum digna sequi potius quam ducere funem« – »Herr oder Sklav ist das erworbene Geld dem Erwerber; recht gewertet, sollte es nachtraben an handfestem Stricke, nicht Treiber sein« (v. 47–48).
An Quinctius Hirpinus, einem nach dem Urteil der oberflächlichen Welt glücklichen Menschen, ist die 16. Epistel gerichtet. Einleitend preist der Dichter abermals die Natur und das genügsame Landleben. Doch dann ist eine andere Stimme zu vernehmen, die ernst mahnt und besorgt ist. In prägnanter Sprache und mit beachtlicher Gedankenfülle schildert Horaz, was einen scheinbaren und einen wirklichen ›Ehrenmann‹ ausmacht. Dabei berichtet er vom inneren Schmutz und der nur außen reinen Haut des scheinbar ehrenhaften Menschen, von dessen geglücktem Betrug, dessen Arglist, dessen Begierde und der damit verbundenen Angst – »Denn wo Begierde, da ist auch Angst« (v. 65) – und von dessen weggeworfener Ehre – »seit er nur noch um Gelderwerb hastet und darin untergeht« (v. 67–68).
Bekannt ist im 7. Brief eine lehrhafte Geschichte, mit der Horaz sein Verhältnis zu Maecenas klären will: Ein magerer Fuchs, der sich durch einen winzigen Spalt ins Kornfaß schlich, fraß sich dort so voll, daß er nicht mehr durch den Spalt ins Freie kam. Mit Blick auf seinen geschwollenen Leib wird er vom klugen Wiesel belehrt, daß der Spalt ihn nur mager wieder entläßt.
Im 2. Buch der ›Episteln‹ finden sich nur drei Briefe, allerdings sehr lange. Im 1. Brief, an Augustus gerichtet (270 Verse), setzt Horaz sich kritisch mit der Dichtkunst in Rom auseinander; im 2. Brief, an Julius Florus (216 Verse), legt Horaz dar, warum er mit dem Dichten aufhöre und sich der Lebenskunst zuwende; dabei prangert er Hab- und Ämtergier sowie den Geiz an; im 3. Brief, an die Pisonen, an einen Vater und seine zwei Söhne (= ›Ars poetica‹, 476 Verse) gerichtet, behandelt der Dichter kunsttheoretisch-literarische Fragen. Aus so mancher Passage aus der ›Ars poetica‹ wurde ein geflügeltes Wort der Literaturkritik.
Zu erwähnen sind noch Horaz' ›Epoden‹, die lose an die Jambendichtung des griechischen Dichters Archilochos (7. Jahrhundert v. Chr.) anknüpfen. Der Inhalt ist jedoch sehr vielfältig. Es finden sich in diesem Frühwerk bereits die für die Horazische Dichtkunst typischen Motive und Themen. Die Epoden sind kein unbedingt erhebendes Erzeugnis dieser Dichtkunst, aber Zeugnis für den Beginn eines großen Dichters. Satirisch, skeptisch, selbstironisch, scherzend, parodierend, lachend die Wahrheit sagend (»ridentem dicere verum«), die goldene Mitte (»aurea mediocritas«) suchend, feierlich streng, sich selbst lobend – alles Signaturen des Horaz, seines Poesiegewebes, das sich über die Vielfalt des Lebens und die Tücken der Welt weit bis hin zum Erwerb von Weisheit und Verstand spannt: Horaz, ein außergewöhnlicher Dichter, ein vorausweisender Lebensphilosoph.

Macht und Geld, Geiz und Gier, Verzicht und Weisheit – Für viele Menschen ist die Bedeutung, die ihnen andere zuschreiben, wichtig. Dem Durchschnittsmenschen kommt es nicht so sehr darauf an, wie er die Anerkennung der Umwelt erhascht, sondern nur darauf, daß er erreicht, was die anderen für das Höchste halten. Lüge und Verstellung, Betrug und Scheinheiligkeit sind Mittel jener niederen Neigungen, die ihn dazu bringen, die Tür zum scheinbaren Glück, das er auf ehrliche Weise nicht erreichen kann, doch noch für sich aufstoßen zu können. In diesem unehrenhaften Ringen behauptet der so Erfolgreichste, auch der Tugendhafteste zu sein. Besitzgier, Machtgier dieser Art von Menschen entwickelt eine die ›unwissende‹ Gesellschaft umspannende ungeheure Wirkung mit der Folge, daß die Macht die Bahnen des Rechtes nicht nur kreuzt, sondern in sie einlenkt, allmählich die Oberhand gewinnt und dann verkündet, daß die Macht das Recht sei. Durch den Verkehr der Mächtigen miteinander, denen gegenüber die Wahrhaftigkeit und somit auch das wahre Können zu versagen scheinen, werden ihre eigensüchtige Verbindung und Hilfsbereitschaft untereinander, ihr fortgesetzter Drang und Zwang zu Macht und Besitz immer stärker. Es beginnt der erfolgreiche Feldzug der Unredlichkeit, die das reine Recht, das auf Erden keine Macht hat, heftig bestürmt. Das reine, natürliche Recht wird schließlich zurückgedrängt oder aufgehoben. Das Erdenleid wird unbarmherzig vergrößert.
In der Wirklichkeit ist es um dieses merkwürdige Geschehen dann noch schlimmer bestellt, wenn Vertreter hoher öffentlicher Institutionen, ohne Gewissenskonflikte und hemmungslos in ihrem Streben nach Erhalt ihrer Macht, noch einen Schritt weiter tun und erklären (im Einklang mit der sittlichen Verkommenheit untereinander), daß, da der durchschnittliche Mensch in seiner Sinnlichkeit verhaftet sei und nur unter dem Schein der Dinge lebe, Lug und Betrug dem Recht dienen könnten und müßten. Warum? Weil sie für die Autorität des Rechtes – gemeint ist das fragwürdige Recht der Macht, nun ›idealisiertes‹ anerkanntes Recht, das allerdings selbst verdorben ist – notwendig seien. Das Recht müsse Autorität haben. Und selbst die Akte des verdorbenen Rechtes kämen der Gesellschaft zugute, denn der getäuschte einfache Mensch, der glaube, hier Wahrheit und Gesetz zu finden, akzeptiere schlechthin. Der aber ahne, getäuscht worden zu sein, wage es nicht, der Wahrheit ins Gesicht zu sehen.
Diese Schwächen gelten nicht für alle. Die wenigen Gebildeten (in der Gestalt der Ehr- und Tugendsamen) bilden den kleinen Gegenpol, von dem aus der wahre Sachverhalt gesehen und wertgeschätzt wird. Auch diese Menschengruppe bestimmt mit ihrer Denkweise das gesellschaftliche Leben und das Leben in der Gesellschaft. Wenn sich beide Gruppen begegnen, herrscht ein trauriges Mißverhältnis zwischen dem Guten und dem Schlechten. – Das Böse, Schlechte, die ungerechte Herrschsucht entfalten zum Erreichen ihrer Ziele ihre eigenen Fähigkeiten. Besitzgier und Machtgier, diese Wesen des Scheins, verlangen nach Lumpereien. Der unstillbare Hunger nach Anerkennung benötigt Mittel, um ihn tagtäglich zu stillen: beispielsweise Geld.
Sobald der Mensch sich Anerkennung und Macht durch Geld erkauft hat, es ihm in seinem dominanten Bezugssystem, mächtig unter Mächtigen zu sein, gutgeht, hat er die Vision, die anderen Erfolgreichen zu übertreffen. Sein Dasein besteht darin, daß er die Konkurrenten auszuschalten versucht, um der Mächtigste zu werden. Gleichzeitig ist er besessen von der Gier, durch die Masse anerkannt zu

werden und auf sie zu wirken. Er, der ›Fähige‹, hat mit den anderen ›Fähigen‹ das Los geteilt, mit ihnen gemeinsam erlebt, daß der Schein mehr vermag als das wahre Sein des Menschen. Dieser Umstand, Wesensfaktor für das Streben nach Macht, läßt seine Leidenschaft nicht ruhen, er muß die anderen bezwingen. Hat er den Sieg errungen, ist er zufrieden – nur kurz, weil die ihm innewohnende Gier ihn nie verläßt.

In dieser Perspektive, mit dem schurkisch Erreichten immer unzufrieden zu sein, kommt es zu einer weiteren Transformation, zu Verwerfungen, zu einer nun abweichenden Reaktion seiner bösen Verstandeskräfte: Vorrang hat nun der Geiz, der schlechthin in der Gier wurzelt. Geiz und Gier sind keine Rivalen. Sie dienen gemeinsam dem Laster, mehr zu haben als nur persönlichen Wohlstand. Und ist gar des Habsüchtigen Geiz nur auf sich selbst gerichtet, so bedeutet das, daß er sein Geld und Gut nicht sorgenfrei für sein persönliches Wohl nutzt, sondern es nur besitzt, ängstlich besitzt. Dies ist der Ausweis seiner Existenz.

Gibt es einen Ausweg aus dieser Enge der Raffgier, der Triebe und der Leidenschaften? Der hemmungslos Strebende und der Geizige kennen sehr genau die Unzulänglichkeiten ihres wahren Könnens. Sie, wie alle Menschen, so können wir annehmen, haben ein gewisses Tugendmaß in sich, wonach sie sich in ihren Handlungen richten könnten. Dieses Tugendmaß ist zu entfalten – aus sich selbst heraus. Der Weg des reinen Rechtes ist einzuschlagen, die körperlich-geistige Doppelnatur des Menschen harmonisch auszugleichen. Kraft seines Geistes muß der Geizige sein bisheriges Leben durchbrechen, den Kampf gegen sich selbst wagen und versuchen, in jene Sphäre des Verzichtes aufzusteigen, die auch seine Natur zur Wahrheit, Ehrlichkeit und Freigebigkeit hinaufläutert. Es mag sein, daß er durch seine selbständige höhere moralische Bildung vielleicht noch zum Weisen wird, der nur noch einen Wunsch hat:

> Der Weise ward befragt: »Was wünschest du für Gaben?«
> Er sprach: »Nichts wünsch' ich als zu wünschen nichts zu haben.«
> Und noch einmal befragt: »Was also wünschest du?«
> Sprach er: »Mein einz'ger Wunsch ist meiner Wünsche Ruh'.«
>
> *Friedrich Rückert*

Und jetzt zum Kunstgang. Diese Galerie »... est ouverte à tous ceux que l'amour de la Vertu appelle à la connoissance de ses mysteres ...« – Der Kunstgang »... stehet allen offen / welche die liebe zur tugend zur erkentnues seiner geheimnuesse beruffet ...«

Kupferstiche und ihre Bildinhalte

Verachte die Dürftigen nicht

Abb. 1 Ku I, 44

Armut ist ein großes Übel? Sie ist unerträglicher als Schwermut, Sorge und Plage? Nur die Armut, die Faulheit und Laster zum Vater hat und das Böse als Ziel erwählt, ist schändlich und schmählich!
Wenn diese Armut auf eine schwache, unwissende Seele trifft, so wird sie zur grausamen Teufelin, die den Armen prügelt (mit einem abgenagten Knochen), verjagt (mit einem schäbigen Kohlkopf) und zwingt, alle Demütigungen zu ertragen. Das Göttliche wird so allmählich im Menschen ausgelöscht. Genommen wird dem Menschen »... die zuneugung zur tugend und ehre / die ihm die natur ins hertz gegraben ...«
Doch gibt es auch die »... edele / die eigen-willige / die tapfer muthige armmuht ...«, die den Menschen befähigt, ehrlich, menschlich, gut und nicht gemein zu sein (am Bildrand links), und den steilen Pfad der Tugend hinauf zum Tempel der Götter weist.

Wer Armut wegen Tugend flieht,
Der ist wohl stinkend-arm zu nennen.
Laß, Fauler, weil dein Herz was glüht,
Dein Tugendlichtlein frischer brennen.

Das Licht der Tugend scheint zwar nicht,
Wenn auch dem wackren Geist gebricht
Das Mittel, seinen Glanz zu zeigen.
Verarmte Tugend kann nicht steigen.

Hor. Od. III, 24, v. 42 – 44

Magnum pauperies opprobrium iubet
Quidvis et facere et pati
Virtutisque viam deserit arduae?

Wenn als Schande man scheut arm sein, und Armut dann
Alles tun und erdulden heißt,
Als zu steil man verläßt ragender Tugend Pfad?

Paupertatis incommoda

Abb. 1 Ku I, 44

Comic. Graecus

Ad omne timidus pauper est negotium:
Nam se esse credit omnibus contemptui.

Zu jeder Verrichtung ist der Arme ängstlich bereit,
glaubt er doch, daß jedermann ihn verachte.

Die Tugend der Dürftigen lieget nicht allezeit unter

Abb. 2 Ku I, 45

Freie Bürger in Rom hatten als Zeichen ihrer Freiheit den ›pilleus‹ als Kopfbedeckung. Das Bild zeigt eine andere Szene: Das Symbol der Freiheit, ein hochrunder, krempelloser Hut, wird von dem unterwürfigen Armen der Paupertas gereicht, die ihn dafür mit barer Münze einerseits, hinreichend deutlich dargestellt durch den Geldbeutel in der Rechten der Dämonin, und Versklavung andererseits belohnen wird.
Durch die »viehische unart« des Armen wird die Armut ›verunehrt‹, da »... dieser ehrvergessene schlingel ... eines eingebildeten guhtes wegen / seine ehre / sein gewissen und seine freiheit verkauffet ...«
Vor allem rechts bildaufwärts sehen wir Demütigungen, die »... der gerechte himmel unaufloeselicher weise mit diesem greulichen verbrecher gleichsam verknuepfet ...«, damit er empfinde, wie abscheulich und strafwürdig die Niedrigkeit seines Gemüts sei, die ihn durch die Gier nach »... reichtuhme zum leibeignen machet.«

Niemand ersteigt der Ehren Berg,
Der Freiheit williglich will missen.
Es ist nicht schlechter Weisheit Werk,
In Armut sich zu schicken wissen.

Vergnügt und frei in Armut sein
Und halten sein Gewissen rein –
Ist besser als sich knechtisch biegen
Und bei dem Reichtum unten liegen.

Hor. Epist. I, 10, v. 39 – 41

sic, qui pauperiem veritus potiore metallis
libertate caret, dominum vehet inprobus atque

So auch, wer aus Angst vor knappem Lose sich der
Freiheit begibt, die kostbarer ist als alles Gold: zur

Nimius paupertatis metus libertati noxius

Abb. 2 Ku I, 45

Hor. Epist. I, 10, v. 39 – 41

serviet aeternum, quia parvo nesciet uti.

Strafe wird er einen Gebieter im Nacken tragen und leibeigen sein immerdar, weil er nie sich bescheiden lernt.

Geld beherrscht alles

Abb. 3 Ku I, 46

Der ›verlähmte Teufel des Reichtums‹ sitzt erhöht auf dem Ehrenstuhl, von dem aus die ›großmütige Armut‹ herrschen sollte.
Der eine Binde vor den Augen tragende Geldherrscher hält in seiner weit in den Raum hineinragenden Rechten ein großes Geldgefäß. In seiner diagonal nach unten weisenden Linken ist ein Zepter zu sehen, dessen Stab oben eine Münze trägt (und nicht wie üblich Adler, Lilie, Kreuz oder Kugel). Am Baldachin hängen Insignien weltlicher Macht (Kaiserkrone, gezackte Heidenkrone, perlenbesetzte Kronreifen, Zepter, Ketten mit Münzen). Links und rechts von und vor dem Podest sind jeweils mit ihren Attributen zu sehen: (1) Freiheit mit Hut; (2) Ehre mit Kranz; (3) Tugend mit Schwert und Speer; (4) Fama mit Flügeln und Posaune; (5) Religio mit Opferschale; (6) Adel, der in seinen Händen Gittervisierhelm mit Helmzier und Schild hält. Sie verrichten ›Götzendienst‹.
Es ist also nicht die »... rechte wahrhaftige tugend ...«, die hier kniet. Und die dargestellte Religio ist »... die scheinheiligkeit / ... eine gantz betruegerische und hochmuehtige verfuehrerin / ...«, die »... mit dem mantel der gottesfurcht / die einfaeltigen ...« verleitet. Alle sechs sind Untugenden »... nichts anders / als laster ...«

Wer reich ist, wird gerecht geacht,
Gottsfürchtig, weis' und hoch vom Adel,
Fromm, tapfer; und berühmt gemacht;
Ja lebt in Tugend ohne Tadel.

Das schreibt ihm zu die falsche Welt
Solang' er lebt und spendet Geld.
Wann aber ihm die Seel ausgehet,
Dann sieht man, wie dies Lob bestehet.

Hor. Sat. II, 3, v. 94 – 99

›omnis enim res,
virtus, fama, decus, divina humanaque pulchris
divitiis parent; quas qui construxerit, ille

(Staberius hat die Summe, die er hinterließ, auf seinen Grabstein meißeln lassen.)
›denn alles – meinte er – Tugend, Ruhm und Ehre, des Himmels und der Erde Güter müssen hinter dem geliebten Geld zurückstehn; wer dies sich hortet, der

Pecunia obediunt omnia

Abb. 3 Ku I, 46

Hor. Sat. II, 3, v. 94 – 99

clarus erit, fortis, iustus.‹ ›sapiensne?‹ ›etiam, et rex
et quiquid volet.‹ hoc veluti virtute paratum
speravit magnae laudi fore.

ist berühmt, gerecht und tapfer gleichermaßen.‹ ›Auch weise?‹ ›Auch, und sogar König, alles, was er will.‹ Er hoffte, die Summe auf dem Stein werde seine Tüchtigkeit beweisen, werde ihm bei der Nachwelt Lob gewinnen.

Geld giebet alles

Abb. 4 Ku I, 47

Venus, Amor mit Bogen, ›Lobschreiber um Geld‹ mit uraltem Stammbaum, ein Reicher mit Tochter und ›falsches Volk‹ links im Bild blicken auf den am Tisch sitzenden reichen Narren, »diesen eitlen Toren«, den sie »... liebedienern und fuchsschwaentzern ...« ehren.
Sie alle wollen »... diesem affen-naesichten / diesem staenker / und mehrkatzen-gesichte ...«, den sie scheinbar erhöhen, »... viel hoeher / als die zedern auf Libanon stehen, ... ein schoenes / junges und hurtiges spiel-maegdlein zur fraue ... anhaengen ...«
Doch der reiche Narr, »dieses beseelte gerippe misset seine geschikligkeit und verdienste nach der hoehe seiner geldsaekke und kasten ab ...« und möchte die schöne, junge Galante heiraten. Als tapferster Mann der Welt, so wird ihm eingeredet, werde er »... der einige und voellige besitzer seiner frauen sein ...« Doch mit ironischem Augenzwinkern ist hinzuzufügen: »Aber es wuerde kein kleines wunder sein / wan nur ein einiger tag zwischen seiner hochzeitlichen bekroehnung / und wohlverdienten behoernung / solte gezaehlet werden.«

Der Reichtum teilet alles aus:
Ehr', Adel, Weib und Morgengabe.
Wer reich ist, der besitzt viel Habe,
Viel Freunde, Treue, Hof und Haus.

Der Reichtum machet Häßlich schön,
Die Krummen ganz gerade gehn,
Die lahmen Krüppel tapfre Springer,
Die Narren klug, die Alten jünger.

Hor. Epist. I, 6, v. 36 – 38

scilicet uxorem cum dote fidemque et amicos
et genus et formam regina Pecunia donat

Man weiß ja, Gattin und Mitgift, Vertrauen und
Freunde und Ahnen und Wohlgestalt kann König
Mammon schenken, und wer gut bei Kasse ist, den

Pecunia donat omnia

Abb. 4 Ku I, 47

Hor. Epist. I, 6, v. 36 – 38

ac bene nummatum decorat Suadela Venusque.

schmücken himmlische Mächte mit Überredungskunst
und Liebenswürdigkeit.

Geldgeiz ist der Ehrbarkeit Feind

Abb. 5 Ku I, 48

Im Text heißt es: ›Dieser mutige Jüngling, durch die Regungen der Natur und seinen eingepflanzten Eifer getrieben, wollte dem Alzides auf dem Fuße nachfolgen und, gleich wie er, die Wohnung der Tugend ersteigen‹.
Mit »Alzides« ist der riesenstarke Herakles (lat. Hercules) gemeint, der den Beinamen ›Alkide‹ nach seinem Großvater trug und der die Tugend zur Gefährtin seines Lebens wählte.
Die bildliche Erzählung ist unterteilt: Segelschiffe und Fuhrwerke locken in die Ferne. Die szenische Einheit rechts zeigt uns den Jüngling, der dem links oben stehenden Tempel der Tugend den Rücken zukehrt, auf einer kostbaren (gefüllten) Truhe kniet und seine wahre Natur zeigt: Geldgier.
Vom herkulischen Idealbild, quasi Herkules' gute Taten repräsentierend und symbolisierend, ist links das Fell des erschlagenen Nemeischen Löwen und Herkules' Keule zu sehen. Im Rundschild, fast mit dem Kopf nach unten, vergegenwärtigt das weibliche Ungeheuer Medusa, die von Perseus enthauptet wurde, mit Schlangen um den Kopf und in den Haaren, das Böse.

Gleichwie ein Hund, der nie vergnügt
Sein Kunstspiel läßt und nach dem Bissen
Mit aufgesperrtem Rachen pflügt,
So ist auch der, der als entrissen

Vor Ehre, Zucht und Tugend weicht,
Wenn er des Reichtums Aas nur reucht,
Das ihn zur Schand und Unehr beizet
Und stracks zu allen Lastern reizet.

Hor. Epist. I, 16, v. 67 – 68

perdidit arma, locum virtutis deseruit,
qui semper in augenda festinat et obruitur re.

Weggeworfen hat er die Waffen, hat den Platz, den
Manneswürde ihm anwies, verlassen, seit er nur noch
nach Gelderwerb hastet und darin untergeht.

Hor. Sat. II, 3, v. 120 – 121

nimirum insanus paucis videatur, eo quod
maxima pars hominum morbo iactatur eodem.

Gewiß scheint der (der Geizhals, der sich nichts gönnt) nur wenigen
ein Narr, weil ja die meisten an der gleichen Narrheit kranken.

Pecunia a bono et honesto abstrahit

Abb. 5 Ku I, 48

Hor. Sat. I, 4, v. 25 – 26

quemvis media elige turba:
aut ob avaritiam aut misera ambitione laborat.

Greife aus der Menge heraus, wen du willst: an Habgier krankt er oder an unglückseliger Ehrsucht.

Wo es Gold regnet, ist kein Dach zu dichte

Abb. 6 Ku I, 49

»... in einen turn von ertz versperren ...« ließ »... ihr eifersuechtiger vater ...« (Akrisios von Argos) seine schöne Tochter Danaë, dieses »... schoene frauenbild / welches sie auf diesem bette in voller wohllust liegen sehen ...«
Danaë wird, so die griechische Sage, von Zeus in Gestalt eines Goldregens besucht, geschwängert und Mutter des Perseus. Die schöne Danaë ist ebenso schwach wie ihre Wächter, die den Ruf haben, die »... tapfersten und getreuesten Leute ...« des Königs zu sein. Sie werden bereits durch den ersten Anblick des Goldes, das über ihnen »flinkert«, verblendet und »... Alle ihr treue ist durch dieses schaedliche ertz verfaelschet und vernichtiget ...«; Danaë »... entbloeßet sich / aus einfalt / gantz und gar / damit sie ein so sueßer tau erfrischen moechte; und wird inzwischen der treu-losigkeit / die sie an ihr selbst beweiset / nicht gewahr ... Sie mus nuhnmehr dasjenige / was sie verkauffet / aushaendigen ...«
Alle sind fasziniert vom Goldregen, der mächtige Mauern einstürzen läßt. Alle sind außerstande, die Tugend wertzuschätzen. Nur der Hund rechts im Vordergrund mit weitem Blick-Aktionsraum, die Diagonale überschauend, hat mit seinem natürlichen Instinkt Angst vor dem Goldregen.

Gold dringt durch Stahl und Eisen hin,
Schlägt Mauern, Wall und Turm zu Trümmern;
Das Schloß springt auf nach unsrem Sinn,
Wenn güldne Schlüssel vor ihm schimmern.

Gold macht, daß niemand standfest ist;
Ein Weiser die Vernunft vergißt,
Das Recht die Pflicht, der Mensch die Lehre,
Die Wacht ihr Amt, die Frau ihr' Ehre.

Hor. Od. III, 16, v. 1–11

Inclusam Danaen turris aenea
Robustaeque fores et vigilum canum
Tristes excubiae munierant satis
Nocturnis ab adulteris,
Si non Acrisium virginis abditae
Custodem pavidum Iuppiter et Venus

Wohl war Danaë dort hinter des ehernen
Zwingturms starkem Verschluß unter der traurigen
Hut der Meute, der stets wachen, vor nächtlicher
Buhlschaft sicher genug verwahrt,
Venus aber und Zeus lachten Akrisius'
Sorgsam ängstlicher Wacht über die einsame

Quid non auro pervium?

Abb. 6 Ku I, 49

Hor. Od. III, 16, v. 1–11

Risissent: fore enim tutum iter et patens
Converso in pretium deo.
Aurum per medios ire satellites
Et perrumpere amat saxa potentius
Ictu fulmineo.

Jungfrau: sicher und leicht, wußten sie, wird die Bahn,
Naht in Goldesgestalt der Gott.
Gold geht mitten hindurch durch der Trabanten Reihn,
Felsenmauern durchbricht Gold noch gewaltiger
Als der flammende Blitz.

Der Glücksfall ändert die Natur nicht

Abb. 7 Ku I, 50

Vor einer Grachtenkulisse steht frontal, den Kopf nach rechts gewandt, eine hübsche Frauengestalt in einem langen Gewand.
Es ist die blinde, launige, von den Winden umgetriebene Fortuna, von deren zahlreichen Attributen beispielsweise die Augenbinde und das Ruder zu sehen sind. Die hier dargestellte Fortuna hat wohl ein italienisches Vorbild gehabt, worauf vor allem das an ihrer Taille befestigte ballonartig über ihr schwebende Segel, aber auch ihre Fußlosigkeit (bedingt durch das bis zum Boden reichende, ihre Füße verdeckende Gewand) hindeuten, die eine alte, mythologische Vorstellung ist. Fortuna umfaßt mit ihrer Rechten einen Affen, den sie mit Krone, Stab und Purpur ausgestattet hat.
»... das gluek ...« hat seine Lust »... die narren aber im purpur zu sehen / gleichwohl den affen / den es gekroehnet ...« Er kann sich »... so gar verstellen / vermaschken und verschleiern ...« Doch die Folge ist, daß »... ein tohr allezeit ein tohr bleibt; und ie mehr ein ungestalter mensch gezieret und aufgeschmuekket sei / ie mehr seine ungestalt und haesligkeit erkant werde.«

Es will des Glückes Spiel so sein,
Daß wenig haben, die viel wissen.
Im Purpur tritt der Tor herein,
Indem der Weise geht zerrissen.

Doch blickt Natur durchs Glückes Flor
Und zeiget beider Art hervor.
Des Affen Art verstellt kein Schneider,
Des Esels decken keine Kleider.

Lampsonius

Caeca fove indignos Fors, ut lubet. at tua dona
simia ne maneat simia non facient.

Hege nur die Unwürdigen, blindes Glück, aber deine Gaben werden es nicht fertig bringen, daß Affe nicht Affe bleibt.

Hor. Epist. I, 10, v. 24

naturam expelles furca, tamen usque recurret.

Natur magst du austreiben mit der Heugabel: Natur kehrt beharrlich zurück.

Fortuna non mutat genus

Abb. 7 Ku I, 50

Nach Seneca

Non faciunt equum meliorem aurei fraeni: neque hominem praestantiorem fortunae ornamenta.

Goldene Zügel machen ein Pferd nicht besser und die äußerlichen Gaben des Glücks einen Menschen nicht vorzüglicher.

Die Geldbegierde ist eine stete Henkerin des Gemüts

Abb. 8 Ku I, 51

Links im Bildraum stehen zwei armselige Reiche mit einem Kind. Sie sehen die Gefahr, die ihren Gütern auf hoher See droht, und erkennen, daß der Verlust der Ernte durch das Unwetter vom Himmel möglich ist. In ihrer unersättlichen Gier haben diese »niedrigen Gemüter« Tag und Nacht keinen Frieden. Und selbst Gott würden sie, falls sie könnten, bestechen und in ihre ungerechtfertigten Geschäfte einbeziehen.
Den direkten Gegensatz bildet, rechts im Bild, der Mann im Faß. Dieser berühmte Vertreter der praktischen Philosophie strebte nach dem tugendhaften Leben, lebte sein Dasein vorbildlich, war von größter Bedürfnislosigkeit. Diogenes von Sinope, der Philosoph in der Tonne, der am hellichten Tage mit der brennenden Laterne in der Hand Menschen suchte (und nicht fand), versinnbildlicht die griechische Autarkia mit ihrer krönenden Einsicht, daß Glück durch Unabhängigkeit von äußeren Dingen zu erreichen sei. Sein Antlitz strahlt Gelassenheit und Ruhe aus. Dieser Gemütszustand zeigt sich ebenfalls in seiner Haltung und seinen Handgesten.

Wer wenig wünscht, der naht zu Gott,
Weil er nicht fürcht noch sorgt, noch schricket.
Wer viel wünscht, wird der Weisen Spott,
Lebt ohne Ruh, in Angst bestricket.

Das macht, weil jener Tugend übt,
Und dieser nichts als Reichtum liebt,
Der ihn zu allen Sünden treibet.
Wohl dem, der bei der Tugend bleibet!

Hor. Od. III, 1, v. 25 – 28

Desiderantem quod satis est neque
Tumultuosum sollicitat mare

Wer nimmer mehr denn, was er bedarf, begehrt,
Den schreckt der Aufruhr tobender Wellen nicht,

Anxia divitiarum cura

Abb. 8 Ku I, 51

Hor. Od. III, 1, v. 25 – 28

Nec saevus Arcturi cadentis
Impetus aut orientis Haedi.

Des Sturmes Wut nicht, wenn Arkturus
Nieder sich senkt und das Böcklein aufsteigt.

Der Geldgeiz ist das größte Übel

Abb. 9 Ku I, 52

»Die Geitzhaelse werden auch noch mit haus-teufeln geplaget / welche in ihren rechen-kammern und kasten wohnen / und sie mit unnachlaeslicher furcht aengstigen / indem sie alzeit sorge tragen / sie werden ihr geld / das sie doch wohl mit hundert schloessern verwahret / verlieren; gleichsam als wan furcht und sorge nicht genug weren sie zu aengstigen / so oft als sie ihr guht wagen. Diese armseelige gerahten aus einer unruhe in die andere; und aus der betruebnues von auswaerts / in die einheimische.«
Die Geizhälse werden symbolisiert durch den alten Wucherer, der seine linke Hand auf den »... gedenk-zedel und das verzeichnues der gelder / die man ihm mit den zinsen / hundert vor hundert / wiederbringet ...« hält. Angst hat er, bestohlen zu werden. Seine Kinder sind für ihn wie die »raeuberischen Jungfrau-vogel«.
Überall fliegen diese Harpyien herum. Der Wucherer meint, sie würden seine vielen Goldmünzen auffressen und somit auch sein »eingebildetes gluek«.

Der Kummer wächst dem Geldwachs zu
Und hat den Argwohn stets zur Seiten.
Wer wenig hat, der lebt in Ruh,
Wo er nicht mehr sucht zu bestreiten.

Der Geizhals aber läuft und rennt,
Den der Begierde Durst so brennt,
Daß er sich Tag und Nacht muß kränken
Und nie an keinen Schlaf kann denken.

Hor. Od. III, 16, v. 17–18

Crescentem sequitur cura pecuniam
Maiorumque fames.

Mit dem wachsenden Schatz wachsen die Sorgen auch
Und der Hunger nach mehr.

Nach Cicero Paradoxa Stoicorum

Tu dies noctesque cruciaris, cui nec sat est,
quod est. et id ipsum quod habes ne non diuturnum
sit futurum times. neque enim umquam

Tag und Nacht wirst du gepeinigt, wenn dir das nicht
genug ist, was du hast, und dazu schwebst du noch
in dauernder Angst, das, was du wirklich hast, könnte

Avaritiae malum

Abb. 9 Ku I, 52

Nach Cicero Paradoxa Stoicorum

expletur nec satiatur cupiditatis sitis, neque solum ea quae habes libidine augendi cruciaris, sed etiam amittendi metu.

nicht von Bestand sein. Denn niemals gestillt und gelöscht wird dein gieriger Durst, und immer wirst du gefoltert, nicht nur durch die Sucht, deine Habe zu mehren, sondern auch durch die Furcht, sie zu verlieren.

Der Geizige fürchtet alles und fürchtet auch nichts

Abb. 10 Ku I, 53

Bereits im unteren rechten Bildraum der Abbildung 5 findet sich eine ähnlich angelegte Komposition: Geiziger mit kostbarer Truhe, Geldsack und verschnürtem Ballen.

Sinn und Verstand hat der auf der Truhe Sitzende so sehr auf seine Schätze gerichtet, daß er die harte Strafe, die Himmel und Erde ihm bestimmen, nicht bemerkt. Und rechts im Bild sind es die beiden starken männlichen Figuren, ein Mörder mit zwei Schwertern und ein Seeräuber mit Ketten, die ihn bedrohen. Im hinteren Bildraum gehen von Stürmen und Ungewittern Gefahren aus. Durch seinen Reichtum wird der ›arme‹ Geizige verhärtet und unempfindlich. »Inzwischen bleibet doch dieser falsche liebhaber der weisheit mitten unter so vielen schau-spielen des grauses unbeweglich; und indem sein geitz ihm einen haupt-sieg ueber so unterschiedliche feinde verheisset / so gehet er mitten durch schwert und feuer / die verfluchte begierde / die ihn naget / zu saettigen.«

Des Kaufmanns Geiz hält keine Haft,
Kein Feuer, Schwert, noch Mörders Tücke,
Kein Schiffbruch, keiner Winde Kraft,
Kein Regen, Hitz' und Frost zurücke.

So sieht man wie den dummen Mann
Des Geizes Torheit narren kann,
Weil er durch ihn denkt gleich zu werden
Den reichsten Königen auf Erden.

Hor. Sat. I, 1, v. 38 – 40

cum te neque fervidus aestus
demoveat lucro neque hiems, ignis mare ferrum,
nil obstet tibi, dum ne sit te ditior alter.

Dich aber hält nicht heiße Sommersglut, nicht Winter-
frost von der Jagd nach Gewinn zurück; kein Feuer,
keine Woge, keine Waffe ist dir ein Hindernis, wofern
nur der ›Andere‹ nicht reicher wird als du.

Hor. Sat. I, 1, v. 113 – 119

sic festinanti semper locupletior obstat,
ut, cum carceribus missos rapit ungula currus,
instat equis auriga suos vincentibus, illum

Wer so vorwärts hastet, stößt immer auf ein Hindernis,
einen noch Reicheren; und es geht wie beim Rennen,
wenn vom Startplatz der Gaul die Wagen dahinreißt:

Nihil auri cupidum refraenat

Abb. 10 Ku I, 53

Hor. Sat. I, 1, v. 113–119

praeteritum temnens extremos inter euntem.
inde fit, ut raro, qui se vixisse beatum
dicat et exacto contentus tempore vita
cedat uti conviva satur, reperire queamus.

da verfolgt der Lenker das Gespann, das dem seinen vorauswill; nichts gilt ihm der Überholte, weil der ja unter den letzten fährt. So kommt es, daß wir selten einen Zufriedenen finden, der nach eignem Ausspruch ein glückliches Leben vollbracht hat und beim Ablauf seiner Frist wie ein gesättigter Tischgast davon Abschied nimmt.

Der Geizige ist nicht zu sättigen

Abb. 11 Ku I, 54

Wir blicken in einen Raum, in dem vor einem in Aufsicht gegebenen Bett die Hauptfigur, ein Wassersüchtiger, leidend in einem mit Kissen gepolsterten Sessel sitzt und aus einem Krug trinkt. Vor dem Sessel ist ein größerer Krug bereitgestellt. Hinter dem Kranken steht ein Arzt, der in der rechten Hand eine Bettflasche hält und von dessen linker Hand sich ein Spruchband zu dem hochgelagerten, eingewickelten, unförmig dick erscheinenden Bein hinzieht.
»Inmittels brennet der armseelige in sich selbst mit solchem feuer / das vielleicht nicht kan ausgeleschet werden; und vermeinet etwas laabsahls aus dem vielen trinken zu bekommen. Er trinket; und ie mehr er trinket / ie heftiger wird der durst. Der leib blaeset auf bis auf das euserste der fueße und haende.«
Die Krankheit des Wassersüchtigen und die des Geizhalses ähneln sich. Es gibt einen Unterschied: Das unmäßige Leben plagt den Wassersüchtigen, der karge Geiz den Geizkragen. Der Wassersüchtige wird in zwei oder drei Jahren von seiner tödlichen Krankheit erlöst sein, der Geizige aber wird noch dreißig oder vierzig Jahre lang durch seine Unersättlichkeit jede Stunde geplagt werden.

Das Geld macht Säck' und Kasten voll,
Doch nie ein Herz, das Geld-Geiz naget.
Dem Geizhals gleicht kein Mensch so woll,
Als der mit Wasser-Sucht geplaget.

Des einen Leib ist Silbers voll,
Der andere stets vom Wasser boll:
Doch dürsten beide mehr zu kriegen
Und lassen niemals sich genügen.

Hor. Od. II, 2, v. 13 – 16

Crescit indulgens sibi dirus hydrops
Nec sitim pellit, nisi causa morbi
Fugerit venis et aquosus albo
Corpore languor.

Wuchernd wächst die Wassersucht und der Durst bleibt,
Gibst du nach und tilgst nicht der Krankheit Keime
Aus den Adern gänzlich, des fahlen Leibes
Wäßrige Schlaffheit.

Quo plus sunt potae, plus sitiuntur aquae

Abb. 11 Ku I, 54

Auf dem Spruchband: Hor. Sat. II, 3, v. 82 – 83

danda est ellebori multo pars maxima avaris:
nescio an Anticyram ratio illis destinet omnem.

Die größte Dosis Nieswurz kommt dem Geizhals zu;
vielleicht wär's gar vernünftig, ihm das ganze Quantum
zu verschreiben, das von dem Heilkraut in Anticyras
Gefilden wächst.

Der Geizige ist kein Herr seines eignen Gutes

Abb. 12 Ku I, 55

Der Geizige, gestützt mit seinem rechten Ellbogen auf einen vollen Sack, in der Rechten einen Kohlkopf, in der Linken einen einfachen Stock, sitzt mit zerrissenen Beinkleidern inmitten seiner Reichtümer.
Die im hinteren Bildraum hoch gestapelten Truhen bilden eine Diagonale, die über die Füße des in Dreiviertelansicht dargestellten Geizigen bis in den unteren rechten Bildraum reicht. Gegenläufig sind die großen, umreiften Fässer angeordnet.
Folgen wir dem Text, so erfahren wir: »Dieser betler stuerbet mitten in seinem großen guht / vor durst und hunger; und wan er schon seinem bauche bisweilen einige gar geringe speisen zulesset / so geschiehet es doch so spahrsam und so kaerklich / daß auch der aermeste selbst in der groesten teurung sich schaehmen solte so aermlich zu leben. Dieses wundertier findet inzwischen in dergleichen art elendig zu leben die hoechste wohllust; weil es solcher gestalt seine korn-boeden und wein-keller / die es allezeit voll hatt / nimmermehr ledig oder im abnehmen siehet.«

Wer Lauten kauft und braucht sie nicht,
Wem, bei der Fülle seiner Güter,
ein sattes Mahl, aus Geiz, gebricht,
Sind das nicht wohl zwei Knechtsgemüter?

Der Geiz acht Esel, Knecht, noch Pferd,
Auch nicht einmal der Notdurft Wert;
Ja schließt vor ihm selbst Küch' und Keller
Und spart sein Geld bis auf den Heller.

Hor. Sat. II, 3, v. 104 – 105

siquis emat citharas, emptas conportet in unum,
nec studio citharae nec Musae deditus ulli,
Wenn einer Zithern kauft und sie in Massen häuft, der
nichts vom Zitherspiel, nichts von der Musen Kunst versteht;

Avarus quaesitis frui non audet

Abb. 12 Ku I, 55

Hor. Sat. II, 3, v. 108 – 110

qui discrepat istis,
qui nummos aurumque recondit, nescius uti
conpositis metuensque velut contingere sacrum?

treibt der's denn anders, der in seiner Truhe Gold und
Silber birgt und doch nicht weiß die Schätze zu genießen,
ja sie nicht anzurühren sich getraut, als wär's ein Heiligtum?

Ein Laster ist niemals allein

Abb. 13 Ku I, 56

Nicht nur in seinem Innern wird der Geizige geplagt. Auch »von aussen« wird der Geizige mit seiner »viehischen ahrt« gequält, nämlich durch seine Selbstüberschätzung, durch den »geist der blindheit«, der ihn zum Narren macht. Die Narrheit hat es leicht, den »goetsen des reichtums« mit den »narren-kappen«, mit dem »kunterbunten reichs-stab«, mit dem er die Welt mitregieren will, zu schmücken.

Wesen der griechischen Mythologie sind links oben im Wald dargestellt: Der thronende Midas, dem einst der Wunsch erfüllt wurde, daß alles, was er berührte, in Gold verwandelt wurde, und der mit seiner ausgestreckten Linken auf Pan (oder eventuell auf den Satyrn Marsyas?), symbolisiert durch das lange Ziegenbein, zeigt. Der reiche Midas zieht Pans Spiel auf der Flöte (Syrinx) Apolls Spiel auf der Leier vor. Doch Gott Apoll, durch Sternnimbus erhöht dargestellt und in der Hand sein mit sechs Saiten bezogenes Instrument haltend, bestraft Midas, weist ihn auf seinen wahren Platz zurück: Er läßt ihm Eselsohren wachsen, die Midas mit einer Kappe (im Bild trägt er noch eine Krone) zu verbergen suchen wird.

Den Narren trägt der Reich' oft feil,
Hegt tausend Affen im Gehirne
Und wird der Narrheit so zuteil,
Daß er sie trägt vor seiner Stirne.

Ob Midas schon nach Wunsch ist reich,
So macht ihn doch dem Esel gleich
Die Narrenkapp' im Rat der Götter.
Der Reichen Torheit findt auch Spötter.

Hor. Epist. I, 18, v. 29

stultitiam patiuntur opes.

(Meine) Mittel erlauben mir die leichtsinnige Torheit.

Vitio vitium accedit

Abb. 13 Ku I, 56

Nach Menander

Omnes ita sentire oportet: quod omnibus maxima vis et potestas ex divitiis accedat.

Alle sollten so denken: daß allen soviel Kraft und Macht wie möglich aus dem Reichtum zuteil wird.

Ein Geizhals tut vor seinem Tode nichts Gutes

Abb. 14 Ku I, 57

Der Geizige, Opimius, liegt aufgerichtet in seinem Bett unter einem Baldachin. Rechts vor dem Bett steht ein Arzt, der mit dem Zeigefinger seiner Linken auf den in Aufsicht gegebenen Tisch und die dortige Szene zeigt.
Opimius, von einer heftigen Krankheit heimgesucht, schläft einen fast tödlichen Schlaf. Seine Seele, die »... noch ein wenig wachet / zeiget ihm rund uem her lauter diebe / die sich mit seinem raube bereichern wollen.« Es sind aber keine Diebe, sondern die Erben, die auf sein Geld lauern »... wie der geier auf das ahs ...«
Der Arzt, mitleidiger als die Erben, mit der Arznei in der Hand, kommt hinzu, kann aber den Todkranken nicht wecken. Er versucht dann »... das kraeftigste und euserste mittel ihn auf zu wekken. Opimius / ruft er / tuht die augen auf. man beraubet euch. eure erben haben die kasten aufgebrochen. sie teilen euer geld ...« Da antwortet der todkranke Geizhals mit kläglicher Stimme: »Ich bin ja noch lebendig ...«, und der Arzt erwidert: »... so nehmet alsobald diese artznei zu euch ...« Die Arznei kostet wenig Geld. Aber der Geizige schreit: »Ach! ich bin tod ...« Er will nicht zahlen.
Der Arzt macht dem perpetuierenden Problem ein Ende. Er läßt Opimius »verdienter weise« sterben.

Opimes Geiz schießt wieder auf
Durch Geldklang aus des Todes Schlummer.
Ein Stärksaft um ganz kleinen Kauf
Macht seinem Geist den letzten Kummer.

Der Reiche liebt sein Leben sehr
Doch einen Heller oft viel mehr.
So bleibt der Geizhals, ihm zur Schande,
Krank an Gesundheit und Verstande.

Hor. Sat. II, 3, v. 142 – 151

pauper Opimius argenti positi intus et auri,
qui Veientanum festis potare diebus
Campana solitus trulla vappamque profestis,
quondam lethargo grandi est oppressus, ut heres
iam circum loculos et clavis laetus ovansque
curreret. hunc medicus multum celer atque fidelis

Opimius war arm trotz allem Gold und Silber, das daheim im Kasten lag. An Feiertagen trank er schlechten Vejentaner aus bronzenem Schöpfgefäß, an Wochentagen gar verdorbnen Wein. Einst warf ihn eine schwere Ohnmacht nieder, so daß der Erbe schon vergnügt und aufgeräumt nach Schränken lief und Schlüsseln; doch sein Arzt, ein treuer und entschloßner

Avarus nisi cum moritur, nihil recte facit

Abb. 14 Ku I, 57

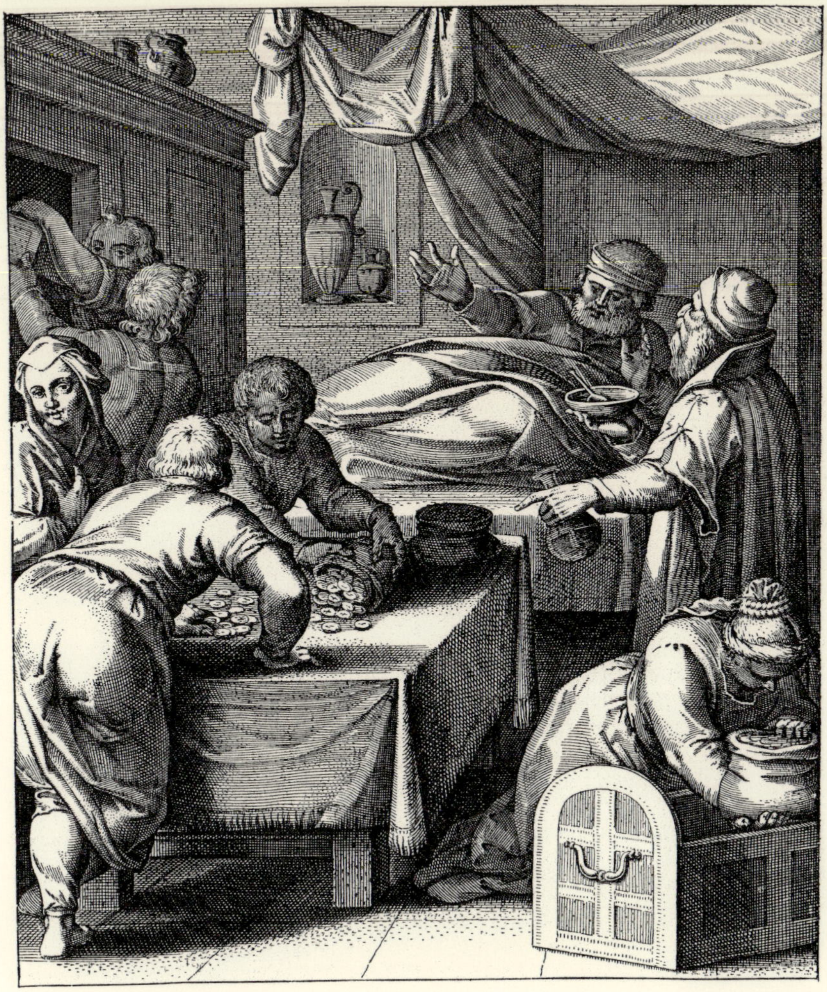

Hor. Sat. II, 3, v. 142–151

excitat hoc pacto: mensam poni iubet atque
effundi saccos nummorum, accedere pluris
ad numerandum: hominem sic erigit; addit et illud:
›ni tua custodis, avidus iam haec auferet heres.‹

Mann, versteht ihn mit dem rechten Mittel aufzuwecken: er läßt ein Tischlein bringen, ganze Säcke Geld darauf entleeren und ein paar Leute kommen, um es hier zu zählen; so bringt er erst den Kranken zum Bewußtsein, dann sagt er: »Wenn du selbst dein Geld nicht hütest, wird's der gierige Erbe jetzt schon mit sich schleppen.«

Obgleich der Geizhals schon tot, so lebt doch seine Bosheit noch

Abb. 15 Ku I, 58

Auch nach seinem Tode ist der Geizige noch boshaft. Eine alte geizige Thebanerin erdachte einen »... solchen rank / der ihre boßheit genug zu lichte gab / ...«, da sie nicht aufhören konnte, diejenige zu sein, die sie immer gewesen war.
Ihr letzter Wille war, daß »... ihr nakkender leib / nach dem tode / durch ein oehl-fas gezogen / und also / wohl eingeoehlet / auch gantz nakkend / durch den erben aus ihrem hause / an den ort seiner beerdigung solte getragen werden.«
Der Erbe hätte sein Erbe verloren, wenn der »... schluepfrige schlangen-drache ... aus den haenden entwischte.« Der Erbe, der »raub-vogel«, hatte sein Handwerk jedoch gut gelernt und bringt sie, »allem attischen oehle zu trotz«, zum Grabe, in das er sie dann »hals ueber kopf ... gestuertzet«.
In dem Kupferstich ist viel Bewegung. Gedanklich ist das Bild gedrittelt: (1) Geizige, ohne Scham und Scheu entblößt, und ihr Erbe; (2) Trauerzug mit Fackelträgern; (3) offenes Grab mit einer davor liegenden länglichen, rechteckigen Platte.

Des Geizes letzte Kraft ist dies,
Daß er aus Neid, auch nach dem Sterben,
Dem Erben sucht ein Hindernis
Und läßt sein Nachgut eh verderben.

Die thebsche Thebe gibt aus Neid
Dem Erben sterbend den Bescheid:
Er soll sie nackt mit Öle salben
Und so austragen – Erbens halben.

Hor. Sat. II, 5, v. 84 – 88

anus inproba Thebis
ex testamento sic est elata: cadaver
unctum oleo largo nudis umeris tulit heres,

In Theben ließ ein garstiges altes Weib laut Testament sich so bestatten: der Erbe mußte ihren kräftig eingeölten Leichnam auf den nackten Schultern tragen – ge-

Haeres instar vulturis esse solet

Abb. 15 Ku I, 58

Hor. Sat. II, 5, v. 84 – 88

scilicet elabi si posset mortua; credo,
quod nimium institerat viventi.

wiß um zu versuchen, ob sie ihm im Tode noch entschlüpfen könnte, nachdem er ihr im Leben, denk' ich, allzu lästig fiel.

Reichtum ist gut den Guten

Abb. 16 Ku I, 59

Die allmächtige Abgöttin Geld, die auf einem weit über die Bildmitte hinausreichenden, hohen Podest thront, verliert ihre »unheiligen heiligtuehmer und hoehen«. Durch die Gesetze der »Weise-kunst« des freien, ungebundenen Weisen wird die Geldgöttin zur höheren Kultur hinsichtlich des Geldes geführt.
Der eine der beiden Weisen, mit dem Hut der Freiheit auf dem Kopf, im oberen linken Bildraum nimmt dem »greulichen untier, dem goetsen-bild des reichtuhms« das soeben geöffnete Halseisen ab. Oder will er es dem Götzenbild des Reichtums umlegen? Er ist groß dargestellt, reicht fast bis zum Baldachin. Der andere zügelt mit der Kette die Abgöttin und hält in seiner Rechten den Hut als Zeichen der Freiheit.
Die zweite Kette, in der Hand der Göttin, weist in den unteren Aktionsraum. Sie soll zu erkennen geben, wie das zum »... goetzentuhm geneugte volk den reichtuhm / als einen Gott anbehtet ...« und damit seine Freiheit – alle Figuren sind barhäuptig dargestellt – hinopfert.

Es dient und wird bedient das Geld,
Ist Knecht und Herr, gehorcht und heißet,
Nachdem es braucht und nützt die Welt
Und sich der Tugend je befleißet.

Der Weise herrscht, der Tor fällt hin
Zu Fuß des Goldes Königin,
Der eh gebührt im Strick zu springen,
Als ihn um unser Bein zu schlingen.

Hor. Epist. I, 10, v. 47–48

imperat aut servit collecta pecunia cuique,
tortum digna sequi potius quam ducere funem.

Herr oder Sklav ist das erworbene Geld dem Erwerber;
recht gewertet, sollte es nachtraben an handfestem
Stricke, nicht Treiber sein.

Varium pecuniae dominium

Abb. 16 Ku I, 59

Hor. Epist. I, 16, v. 63 – 66

qui melior servo, qui liberior sit avarus,
in triviis fixum cum se demittit ob assem,
non video. nam qui cupiet, metuet quoque; porro
qui metuens vivet, liber mihi non erit umquam.

Steht der Habsüchtige höher als ein Sklave, steht er freier da? Etwa wenn er auf der Straße sich bückt nach dem festgetretnen Pfennig im Kot? Ich kann es nicht finden. Denn wo Begierde, da ist auch Angst; wer aber in Angst lebt, wird mir niemals als freier Mann gelten.

Ein Wohltäter wird von allen geliebt

Abb. 17 Ku I, 60

Im Zimmer des Wohltätigen geht der Tod um. Von tiefer Trauer erfüllte Menschen haben sich um das Bett des Todkranken versammelt. Formsicher dargestellt sind alle Figuren: die Anwesenden hinter dem Bett, die Kinder vor dem Bett, von denen das eine, die Arme aufgestützt, zum Sterbenden schaut; das andere, sitzend und von allen anderen abgewandt, beweint den Verlust.
Der Künstler bringt so den Schmerz und die Trauer im Bild zum Ausdruck, von dem der Text sagt: Die Wohltätigen »... verlaßen ihr guht vergnueglicher / als sie es besessen. Sie teilen es aus ohne has und widerwillen; und haben das hertz ihrer erben sotahnig gewonnen / daß freilich ihre traehnen / die sie vergiessen sehen / aus keinem andern grunde fließen ... Sie sehen uem sein bette heruem / nicht den klaffenden und ausgehungerten hauffen der hunde und raben / die auf seinen raub erpicht und erhitzt seind; ich wil sagen / die verfluchten erben des verfluchten geitz halses ... Niemand ist bekuemmert / ob er guht hinterlaße / oder nicht. Alle die seinigen haben keine andere gedanken / als sein leben zu retten. Hier gehen die traehnen wohl recht von hertzen ...«
Siehe hierzu Abb. 14, wo die typischen Repräsentanten des Geizes radikal gegensätzlich dargestellt sind.

Ein Milder, wenn er tödlich krank,
Sieht dann erst recht der Tugend Früchte.
Ein jeder klagt und sagt ihm Dank,
Ja rühmt sein edeles Gerüchte.

Hier gurren lauter Täubelein,
Kein Geiersruf kommt hier herein.
Man sucht ihm wieder Kraft zu geben;
Ein jeder wünscht ihm langes Leben.

Hor. Sat. I, 1, v. 80 – 87

at si condoluit temptatum frigore corpus
aut alius casus lecto te adflixit, habes qui
adsideat, fomenta paret, medicum roget, ut te
suscitet ac reddat gnatis carisque propinquis?

Aber wenn auf dem Schmerzenslager Fieberfrost dich schüttelt, wenn sonst ein Krankheitsfall dich niederwarf, hast du da wohl einen Freund, der an deinem Bette sitzt, dir Umschläge bereitet, den Arzt ruft, daß er dir wieder emporhelfe und dich deinen Kindern, deinen lieben Verwandten wiedergebe?

Liberali homini volunt omnes quam optime

Abb. 17 Ku I, 60

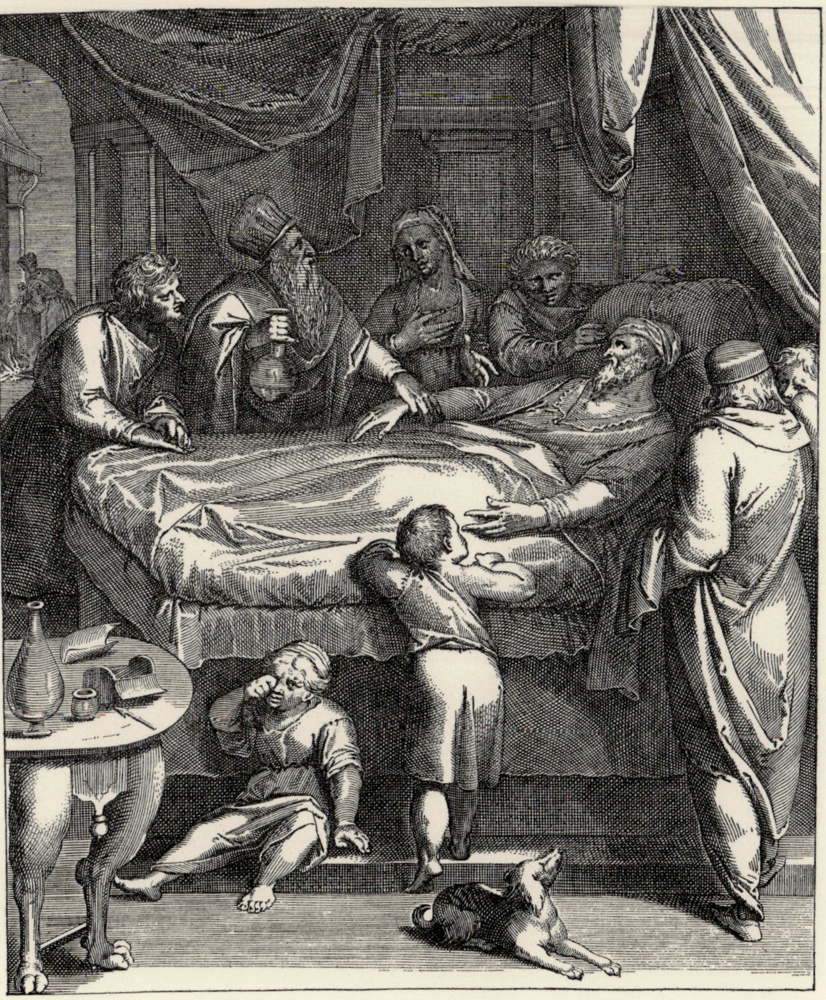

Hor. Sat. I, 1, v. 80 – 87

non uxor salvum te volt, non filius; omnes
vicini oderunt, noti, pueri atque puellae.
miraris, cum tu argento post omnia ponas,
si nemo praestet, quem non merearis, amorem?

Nicht Weib, nicht Kind wünscht deine Genesung; alle Nachbarn
sind dir gram, alle Bekannten, selbst die Knaben und Mägdlein.
Das Geld geht dir ja über alles: wunderst du dich,
wenn niemand dir die Liebe erweist, die du nicht verdienst?

Der allein ist reich, der Reichtum verachtet

Abb. 18 Ku I, 40

Wirklich reich ist nur der Tugendhafte. Wer weise, tapfer, besonnen und gerecht ist, verdient den ersten Platz. Ihm gebührt der Ehrenkranz der Tugend.
Die Hauptfigur, der die Grundtugenden (Weisheit, Tapferkeit, Besonnenheit, Gerechtigkeit) befolgende Tugendhafte, weist mit seiner Linken die begehrlichen Herrschaftszeichen der Welt zurück (Weisheit), hält in seiner Rechten die Keule (Tapferkeit), tritt mit seinem Fuß die kleinen geflügelten Liebesgötter des Reichtums (Besonnenheit) und lehrt uns das rechte Verhalten (Gerechtigkeit). Avaritia (Begehren nach Gütern) und voluptas (körperliche Freuden) sind Ereignisse des Seins, die hin zum Hochmut (superbia) tendieren, der in seiner hybriden Übersteigerung Anführer aller Laster ist.
Im Laufe der Zeit bekommt jeder den Platz, den er verdient: Wer »die tugend beruehmt machet«, ist ein »demy-Dieu« (Halbgott) und erhält von der Tugend den »ehren-krantz«, der sich uns strahlenumflutet zeigt.

Wer seine Lust beherrscht, nach Ehr' und Geld nicht trachtet,
Nichts als den Ehrenkranz der eignen Tugend achtet,
Der herrschet mehr als wohl, ist aller Kronen wert
Und allen Ehrenruhms, den er noch nie begehrt.

Hor. Od. II, 2, v. 9–12, 17–20

Latius regnes avidum domando
Spiritum quam si Libyam remotis
Gadibus iungas et uterque Poenus
Serviat uni.
Redditum Cyri solio Prahaten
Dissidens plebi numero beatorum
Eximit Virtus populumque falsis
Dedocet uti

Zähm' des Herzens Gier, so erschließt dem Willen
Sich ein weitres Feld, als gehorchte Libyen
Bis nach Gades, Punierreiche beide,
Einem Gebote.
Kehrt auf Cyrus' Thron auch Prahates wieder:
Darum preist ihn doch die Vernunft nicht selig,
Anders als der Pöbel; denn diesem wehrt sie
Mißbrauch der Worte.

Quis dives? Qui nil cupit

Abb. 18 Ku I, 40

Hor. Od. II, 2, v. 21–24

Vocibus, regnum et diadema tutum
Deferens uni propriamque laurum,
Quisquis ingentis oculo inretorto
Spectat acervos.

Ihres Reiches Macht, ihre sichre Krone,
Ihres Lorbeers Kranz wird sie dem nur reichen,
Dem das Herz nicht klopft, wenn der Blick auch ruht auf
Bergen von Golde.

Aus typographisch-ästhetischen Gründen wurde bei allen lateinischen Zitaten – also auch bei denen, die innerhalb eines Verses beginnen – bewußt auf Einzüge und beim Strophenübergang auf Durchschuß verzichtet.
Für die innerhalb einer Zeile beginnenden Horazischen Satiren-Texte lauten zum Beispiel die metrischen Vorfüllungen:

Abb. 3
Hor. Sat. II, 3, v. 94 – ∪ ∪ – – – ∪ ∪ – ∪ ∪ ›omnis enim res,

Abb. 5
Hor. Sat. I, 4, v. 25 – – – – – quemvis media elige turba:

Abb. 10
Hor. Sat. I, 1, v. 38 – – – ∪ ∪ – cum te neque fervidus aestus

Abb. 15
Hor. Sat. II, 5, v. 84 – ∪ ∪ – – – – – anus inproba Thebis

Abschließende Bemerkungen

»Wählt einen Stoff, dem ihr gewachsen seid«

Horaz ›Ars poetica‹, vv. 38f.

Kritische Bemerkungen zu Eckard Lefèvres Buch ›Horaz‹ (1993)

Diese biographische Studie mit dem Untertitel ›Dichter im augusteischen Rom‹, 345 Seiten Text, 8 Seiten Literaturverzeichnis (S. 346–353) und 6 Seiten Register (S. 355–360), hält keinesfalls die in der Einleitung gemachten Versprechungen, Horaz als einen »lebenden Dichter [zu] betrachten«, ihn zu »erwecken« und »seine Gedichte in seine Person [zu] verwandeln«. Der Autor, laut Klappentext Direktor des Seminars für Klassische Philologie der Universität zu Freiburg, unterliegt unverkennbar dem nachteiligen Einfluß seines Berufes als Latinist, der seinen deutschen Text über einen sprachlich groben Leisten schlägt. Die Schwerfälligkeit seines den Satzbau zerstückelnden Stils stört das Lesen des Buches. Eine weitere zu betonende Besonderheit ist, daß Lefèvre Gedanken anderer Wissenschaftler zu oft erwähnt oder vermengt und ihnen häufig übergroße Bedeutung zumißt. Horaz kommt leider nicht »so viel wie möglich zu Wort« (S. 11). Lefèvre, von mäßigem Schriftstellertalent, kompiliert vorzüglich, liebt es, große Geister zu zitieren. Er absorbiert ihre gelehrten Betrachtungen und/oder Schlußfolgerungen und erfüllt sich den Wunsch, seine eigene Leistung so zu optimieren, daß das Bild (besser: der Schein) entsteht, als hätte er den großen Verstand und den weiten Geist.

Es versteht sich, daß, um diese einleitenden kritischen Bemerkungen zu begründen, nicht mühsam herausgesuchte Textstellen angeführt werden. Lefèvre liefert in seinem Text durchgehend eine augenfällige Überfülle von sprachlichen Eigentümlichkeiten. Es genügt aber, dem Leser wenige Beispiele dieser Besonderheiten vorzustellen. Diese Art von Kritik, die ein Verlagslektor beherrschen sollte, ist zulässig und zuverlässig. Sie zeigt, mit wem als Verfasser es die Leser zu tun haben.

Die erste Seite des Buches (Einleitung, Seite 9) besteht aus 38 Textzeilen. Der erste Satz, vom Verfasser formuliert, lautet: »Johann Gottfried Herder forderte in der dritten Sammlung seiner Schrift *Über die neuere deutsche Literatur* von 1766/67 die lebendige Erklärung seines geliebten Horaz«. Als Leser stoße ich mich an der Formulierung »... Herder forderte ... eine lebendige Erklärung ...«, frage mich, ob der Verfasser sich besonders gewählt ausdrücken wollte. Ich komme ins Grübeln: Gibt es eine ›geforderte lebendige Erklärung einer Person‹? Eine ›am Leben befindliche Erklärung einer Person‹ kann wohl niemand ernsthaft fordern. Soll etwa aber gefordert werden, Horaz ›schwungvoll‹, ›lebhaft‹ zu erklären? Oder sogar, daß Horaz auf diese Weise selbst erklärt? Eingefügt in die nächsten 15 Zeilen folgt nun Herders Zitat, in dem es heißt: »Einen Kommentar wollte ich wünschen, wo man ihn als einen lebenden Dichter betrachtete ...« Mir kommen nun Wendungen in den Sinn, die das eher ausdrücken, was

Lefèvre vermutlich meint: ›eine dem wirklichen Leben entsprechende Erklärung des Horaz‹, ›eine lebensnahe Erklärung des Horaz‹. Solche Wortfügungen offenbaren jedoch, warum Herder bewußt einen Nebensatz verwendete. So wird nämlich unmißverständlich deutlich, wie der gewünschte Kommentar beschaffen sein sollte. Lefèvres Umschreibung hat hingegen keine Aussage- und Reizkraft, ist sprachlich ungelenk und gibt vor allem nicht die Forderung wieder, die Herder aufstellte. An Herders Zitat schließen sich nun 11 Zeilen des Verfassers an. Allerdings stechen hier zwei Zitate des »bedeutenden Gräzisten Werner Jaeger von 1929« hervor. Die restlichen 10 Zeilen gehen mit der Logik nicht konform, weil u.a. Lefèvre gedanklich schon falsch beginnt – die falsche Gedankenfolge lautet: »lebender Dichter«, »erwecken«, »seine Gedichte in seine Person verwandeln«; bei Herder lautet die richtige Anordnung: »erwecken«, »seine Gedichte in seine Person verwandeln«, »lebender Dichter«. Im folgenden führt Lefèvre kurz biographische Daten des Dichters auf, »... der, aus bescheidenen Verhältnissen stammend schon mit dreiundzwanzig Jahren ein hohes militärisches Amt erhielt und damit zu unerwarteten Ehren aufgestiegen war; aufgrund seiner Freundschaft mit Augustus, Maecenas und den Großen seiner Zeit genoß er während des ganzen Lebens größtes Ansehen ...« Mit seiner letzten Feststellung maßt sich der Autor nicht nur ein Urteil an, daß aufgrund seiner Darlegungen im vorausgehenden Satz absurd ist (Wie kann Horaz ein ganzes Leben mit größtem Ansehen und – mindestens – 23 Jahre ohne Ansehen leben?), sondern er scheint auch schon hier mit seiner schwülstigen Aussage Horaz und dessen spätere dichterische Entwicklung beurteilen zu wollen. Soll dessen Gesamtwerk, für den Leser vorausweisend, schon entwertet, für den Horaz-Liebhaber in gewisser Weise entweiht werden? War der Ruhm der Horazischen Dichtkunst allein abhängig von der Freundschaft mit mächtigen Männern? Schätzen wir Horaz heute nur wegen dieser Freundschaft? ... – Erneut lese ich den Satz »Die vorliegende Darstellung möchte Horaz konsequent ›als einen lebenden Dichter betrachten‹, ihn ›erwecken‹ und ›seine Gedichte in seine Person verwandeln‹«. Auffällig ist zunächst die Formulierung: »... möchte ... betrachten ...«, die ich – um es mit dem Sprachvermögen Lefèvres auszudrücken – zuerst ein wenig kritisch betrachten möchte. Die Verbindung von »mögen« (Modalverb) und »betrachten« (reiner Infinitiv) bezeichnet ein Geschehen, das gewollt wird, aber noch nicht eingetreten ist. Lefèvres Sprachgefühl teilt also hier dem geneigten Leser mit, daß die »vorliegende Darstellung« hoffentlich ihr Ziel erreiche. Lefèvre übt sich also ›modal‹ in Bescheidenheit.

Es könnte noch angemerkt werden, daß die Stellung von »konsequent« darauf hindeutet, daß Horaz' Leben von Zeiten des Todes unterbrochen wurde. Berühmte Persönlichkeiten sterben halt öfter und werden dann wiedergeboren. Ferner könnte ich zu der banalen Erkenntnis kommen, daß es einer Darstellung nicht möglich ist zu betrachten. Der ›Stilist‹ Lefèvre, ein Fachmann für den Gebrauch von Satzfiguren, verwendet hier eine Personifizierung. Denn die Darstellung will etwas ganz Besonderes leisten, etwas, was seit Jahrhunderten von großen Männern des Geistes ersehnt wird, und Lefèvre suggeriert dem Leser, nicht zu wissen, ob die Darstellung dieses Außerordentliche leistet. Er stellt somit die Darstellung in den Vordergrund, läßt sich als kritischer Urheber von dem Hervorgebrachten zurückdrängen und ist doch so derjenige, der überzeugt ist, das hohe Ziel erreicht zu haben. Lefèvre verwendet hier im Übermaß den Topos der Bescheidenheit. Kann es wirklich ein Zeichen von Bescheidenheit sein, ein so hohes Ziel anzustreben? Ist es ein Beweis von Charakter, dem Leser eine umfangreiche Darstellung in die Hände zu geben, von deren Erträgen Lefèvre nicht überzeugt ist? Die geheuchelte Bescheidenheit, bei der Lefèvre sich unbeholfen hinter der Darstellung verbergen möchte, wird in den nächsten Sprachgespinsten fortgeführt: »Sie (die Darstellung) zeichnet daher einerseits die Biographie des Dichters nach, der, aus bescheidenen Verhältnissen, ... (es folgen die zitierten biographischen Daten) ... Andererseits wird der Versuch unternommen, die Entstehung jeder Werkeinheit ... zu erklären.« Hier wird das eine Mittel (»einerseits«) beschrieben, das die Darstellung benötigt, um ihr hehres Ziel zu erreichen. Daß sie dieses Mittel leicht handhabt, das führt Lefèvre sogleich in den nächsten Zeilen vor. Es handelt sich dort um das einfache Handwerk der Deskription; die Demonstration dieses simplen handwerklichen Könnens mißlingt indes völlig, ohne daß Lefèvre die wundersame Lebenszeit, in der Horaz größtes/kein Ansehen genossen habe, bemerkt (s.o.). Hier wäre wohl wirkliche Bescheidenheit am Platze gewesen. Dann folgt eine Konstruktion (»Andererseits ...«), bei der sogar die Darstellung zu ihrem eigenen Tun auf Distanz geht. Es wird nämlich ein Versuch unternommen, bei dem es unklar bleibt, von wem er eigentlich unternommen wird. Die Einschränkung, daß nur etwas von irgend etwas/jemand versucht wird, zeugt von noch größerer Bescheidenheit. Wem kann ich diese Charakterstärke jetzt zuerkennen? Der zu unternehmende Versuch ist das zweite Mittel, das benötigt wird, das erstrebte Ziel zu erreichen, und es ist das Mittel, dessen Handhabung viel schwieriger ist: Hier geht es um das hohe geistige Vermögen, Texte zu interpretieren. Nun muß tatsächlich Bescheidenheit obwalten. Und auf sie wird noch einmal auf andere Art und Weise hingewiesen. Es fällt nämlich auf, daß die Stellung der gepaarten Konjunktionen ›einerseits – andererseits‹ in beiden Hauptsätzen unterschiedlich ist. Die syntaktische Folge ist somit nicht deckungsgleich dem Entsprechungszusammenhang, der durch die Bindewörter hergestellt werden soll. Dadurch erhält der zweite Hauptsatz eben eine eigene Betonung. Jetzt weiß ich wirklich, daß dieses Buch ein Muster an Bescheidenheit ist. In seiner Gier, bescheiden wirken zu wollen, offenbart der Autor nicht nur charakterliche, sondern auch handwerkliche und intellektuelle Defizite. Die Demonstration des handwerklichen Könnens bewirkt zweierlei. Erstens wird – wie bereits geschildert – schon vor der eigentlichen Interpretation die Sicht auf einen »lebenden Dichter« Horaz verstellt, und zweitens fragt der Leser sich nach dem kläglichen Ergebnis der handwerklichen Kunst, welche geistvollen Gedanken Lefèvre, die Darstellung und der Versuch ihm bei der noch schwierigeren Interpretation vermitteln werden. – Pleonastische Ausdrucksweise begegnet mir in dem Teilsatz: »Sie (die Darstellung) zeichnet daher einerseits die Biographie des Dichters nach ...«. Warum Pleonasmus? Das Grundwort ›Biographie‹ enthält, nur mit anderen Worten gesagt, bereits die Darstellung des Lebens(laufes) eines Menschen.

Die zweite Seite des Buches (Einleitung, Seite 10) hat 43 Zeilen. Sie ist in 12 Sätze eingeteilt, die fast alle komplexe Strukturen haben, und aus längeren Perioden bestehen. Schwerfällig wirkende Verknüpfungen erwarten mich als Leser: »unbestritten erste Dichter«, »unbedingte moralische Ernst«, »nicht unbe-

schwerter Freund«, »unbefriedigenden Literaturbetrieb«, »in ungewöhnlichem Maß«. In allen Fällen handelt es sich um Wortbildungen mit dem Präfix ›un-‹, die fast immer die Aussage verstärken sollen. Das Bedürfnis des Verfassers, Sachverhalte überzubetonen, erweckt »in ungewöhnlichem Maß« den Eindruck, mir, dem Leser, dem »unbeschwerten Freund«, mit »unbedingtem moralischen Ernst«, »unbestritten erste« sprachliche Klarheit zu bieten – »unbefriedigend« als Stil(un)kunst. Gibt nicht der ›erste‹ Dichter die Rang- und Reihenfolge eindeutig an – die Höchststufe? »... daß Horaz nicht ein unbeschwerter Freund des Weins und der Liebe, sondern ein aufmerksamer Beobachter seiner Zeit war ...« ist in dieser Kombination eine ›biographische Belustigung allerliebster Art‹. In diesem daß-Satz (Inhaltssatz) werden aus der tieferen Anschauung des Horaz durch Lefèvre zwei entgegengesetzte Charakteristiken formuliert. In der ersten Charakteristik treten die Negation »nicht« und das verneinende »unbeschwert« auf. Analysiere ich diesen Tropus des verneinten Gegenteils, so erhalte ich die unschöne Wortfolge: ein sehr beschwerter Erzfeind des Weins und der Liebe. Abgesehen von der Frage, ob denn Horaz' Beschwerden ihn zum Erzfeind von Wein und Liebe machen oder ob Wein und Liebe die Beschwerden und somit Horaz' starke Abneigung hervorrufen, besteht außerdem ein nicht kleines Problem: Entsprechen ›ein sehr beschwerter Erzfeind des Weins und der Liebe‹ und »ein aufmerksamer Beobachter seiner Zeit« sich einander? Der von Lefèvre aufgestellte Gegensatz beinhaltet nichts Gegensätzliches.
Nachsicht sollte ich mit Lefèvres Hang zu Übertreibungen üben. Sie begegnen mir ebenfalls auf den Seiten 9 und 10: »größtes Ansehen«, »einer der aufrichtigsten Charaktere«, »die höchste Erfüllung«. Die Höchststufe von »bedeutend« und andere plumpe Superlative durchziehen das ganze Buch. Hierzu einige wenige Beispiele vom Anfang und vom Ende der Studie: »Alkuin, der bedeutendste unter ihnen« (S. 15), »die bedeutendste (Ausgabe) war« (S. 17), »den bedeutendsten Niederschlag erfuhr« (S. 25), »der bedeutendste Vertreter der Neoteriker« (S. 33), »größten Bewunderer« (S. 331), »der bedeutendsten des Altertums« (S. 332), »strengsten Anordnung«, »bekanntesten Sprechvers«, »größte Gewicht« (alle S. 335), »die wichtigste Forderung« (S. 336 u. 337), »Horaz verabschiedet sich aus der Welt der Dichtung auf geistvollste Weise mit einer Karikatur des Ideals, dem er ein Leben lang nachstrebt (sic!) hatte« (S. 344).
Ich bin mir sicher, daß der einigermaßen sprachlich Geschulte weiß, daß das »bedeutendste« ›bedeutend‹ ein mattes Wort, eine Aussage ohne Bildkraft ist, die wenig auf die Phantasie und kaum auf den Verstand des Lesers wirkt. Superlative sind möglichst zu vermeiden, denn es geht darum, den Gehalt einer Aussage fein verhalten oder auch stark wirkend auszudrücken – und nicht durch einen Superlativ wertlos zu machen oder schreiend zu steigern.
Man sieht: Grundlose Steigerungen entwerten die Leistung der Sprache. Für diese Feststellung ist Nietzsche der Anwalt, der sagt: »Alle Dichter und Schriftsteller, welche in den Superlativ verliebt sind, wollen mehr als sie können.«
Geist, Wort und Schrift sind eng verbunden. Nun folgen dreißig Beispiele, mit keinerlei Anstrengung aus den ersten hundert Seiten ausgesucht, die amüsant von Lefèvres sprachlichem Eigenton ›künden‹:

- Ein Jahr vor seiner Geburt starb Paulus Melissus (Schede), der 1539–1602 lebte (S. 19)
- während Conrad Celtis (1459–1508) noch als Wegbereiter im Zeitalter des Humanismus anzusprechen ist (S. 19)
- Melissus' ›horazische Lyrik‹, die in der Mitte steht (S. 19)
- Wenn er Horaz ganz eng folgt, hatte er das Ziel, sich mit seinem Vorbild zu identifizieren, dieses aber auch zu überbieten (S. 19)
- Horaz hat auf die vielfältigste Weise die neuzeitlichen Dichter zum Sprechen gebracht (S. 20)
- Herder fuhr an der zitierten Stelle fort (S. 20)
- Damit sind zwei wichtige Stränge bezeichnet, Klopstock auf der einen, Götz, Uz und Ramler auf der anderen Seite (S. 20)
- Als der römische Staat in die Krise geriet, war es folgerecht mit einer Dichtung in Ennius' Geist und Stil vorbei (S. 33)
- Die Literatur zog sich aus der Öffentlichkeit in private Zirkel zurück (S. 33)
- An die Stelle schnellen und unbekümmerten Dichtens großer Werke traten das Feilen an dem richtigen Versbau und das Feilschen um den rechten Ausdruck (S. 33)
- In der Wertschätzung der Kunst traf sich Horaz mit Vergil (S. 35)
- Eine besonders enge Berührung stellen Vergils vierte Ekloge und Horaz' sechzehnte Epode dar (S. 35)
- Und im Blick auf die Nachbarstadt Canusium sagt Horaz, daß ihr Bewohner zweisprachig, *bilinguis*, sei (S. 37)
- Horaz hat es bewußt vermieden, zu hoch zu steigen (S. 47)
- Bei dieser Schilderung wird Horaz das Herz warm (S. 50)
- Hier platzt Horaz der Kragen, hier läuft ihm die Galle über (S. 57)
- Als Vergil und Varius im Jahr 38 Horaz Maecenas vorstellten, war er bereits durch Dichtungen aufgefallen (S. 61)
- Hätte er ein entsprechendes Gedicht an die Spitze des Buchs gestellt (S. 68)
- Horaz war auf dem Weg zur Ode (S. 68)
- Eine Lösung des Problems dürfte der Mittelteil 11–22 nahelegen (S. 69)
- indem er einen Eid mit Füßen trat (S. 73)
- Horaz liebte es, sich selbst mit Ironie zu begegnen (S. 75)
- Wie die Frauen erscheint Horaz selbst in jambischer Verfremdung (S. 78)
- Da wir das nicht mehr wissen, sind die Gedichte für manchen Horazfreund abgestorben (S. 79)
- Man kann daran denken, daß Horaz sich ebenso gern wie Varus (59) mit Nardenöl salbte (Epode 13, 8–9), von der Zeit der Oden ganz zu schweigen (2,11,16) (S. 79/80)
- Wenn Horaz in Epode 17 gegenwärtig ist, dürfte er auch in Epode 5 enthalten sein (S. 80)
- Ist also die Liebe zu Canidia zurückgekehrt? Natürlich nicht. Er bietet nur an, sie nicht mehr zu schmähen, sondern mit seiner Leier zu verherrlichen (S. 80)
- Horaz entwächst der Welt der Epoden, der er hier den Abschied gibt (S. 80)
- Daß Horaz aufgrund seiner neuen Haltung Mühe hat, das Jamben-Buch zu vollenden, hat er Maecenas in Epode 14 mitgeteilt, die unter der Hand zu einem Liebeslied geworden ist (S. 81 f.)

- wenn er bei dem Problem der außerehelichen Liebe zwischen den abgelehnten Extremen der verheirateten Frau und der Dirne die Libertine als den goldenen Mittelweg empfiehlt (S. 93)

Das Kapitel 18, Seite 265, ist überschrieben ›Preis des Reichs: Das Carmen Saeculare‹. Das Substantiv »Preis« wird durch keinen Artikel (der, ein) eingeführt. Zunächst unverständlich ist die Formulierung »Preis des Reichs«, deren Sinn mehrdeutig ist: Preis als Geldbetrag, als Geldpreisvergabe durch das Reich. Oder preist etwa das Reich Horaz, wird Horaz durch das Reich gepriesen? Aus dem Text erfahre ich, daß Horaz das Reich preist – Genitivus objectivus. Es handelt sich um ›Die Lobpreisung des Reiches durch Horaz‹ in seinem ›Festlied für die Säkularfeier‹. ›Die Lobpreisung des Reiches‹, – mehr Klarheit hätten hier die Ergänzungen geschaffen: bestimmter Artikel, Ableitungssuffix ›-ung‹ und – klanglich – Genitivendung ›-es‹. Schon bei einfachen Sachverhalten verdunkelt Lefèvres ›artistische‹ Sprache den Sinn. Jeder Satz ist für das Verständnis des Lesers zu schreiben!
Zur Sprache gehört auch Empfinden. Das Feingefühl für die sprachliche Form steigert die Treffsicherheit des Ausdrucks. Guter Stil wirkt durch seinen Wohlklang, ist sprachliche Harmonie im Satzgefüge. »Preis des Reichs« – ein Mißklang für das Sprachgefühl. Mit Wohlklang im Satz hat auch die Deklinationsendung ›-s‹ oder ›-es‹ zu tun, mit welcher der Genitiv Singular gebildet wird. Mit eiserner Beharrlichkeit hat Lefèvre sich für die kürzere ›-s‹-Form entschieden. Er schließt sich dem modischen Zeitgeschmack der durchschnittlichen ›Schreibgenies‹ an, die keine besonderen Merkmale oder Qualitäten in bezug auf Lautung und Leistung der deutschen Sprache wahrnehmen. In unserer Sprache ausgezeichnet sind die Selbstlaute. Unvergleichlich ist ein jeder von ihnen als Lautäußerung. Als Silbenträger hat ein jeder rhythmische Aufgaben im Wort- und Satzgefüge. Durch das Unmittelbare ihres Klanges können Worte Stimmungen ausdrücken. In den einzelnen Wörtern sind es die Selbstlaute, die mit ihrem verschiedenen Lautwert einmalige Formkraft haben.
Für lautliche Schönheit sorgt bei der genitivischen Zueignung oftmals das ›e‹ in der Endung ›-es‹. Für die unterschiedliche Wirkung der phonischen Substanz habe ich 10 einsilbige Beispiele aus den Seiten 265–317 ausgesucht, die alle die volle Form ›-es‹ bevorzugen. Allerdings sei an dieser Stelle hervorgehoben, daß es für die Bildung der Endung keinen Schematismus oder gar starre Regeln gibt. Mir geht es einfach um den Wohlklang, das Wirken der Klangstimmung, um die feine verhaltene Innenkraft eines Wortes im Flexionskasus Genitiv. Die zehn Beispiele:

- des ersten Epistel-Buchs (S. 265)
- die Statue des Gotts (S. 269)
- der dritte Tag des Fests (S. 270)
- Den zweiten Teil des Lieds (S. 274)
- des gewaltig rauschenden Stroms (S. 279)
- mit dem Flug eines Schwans (S. 280)
- in einer Situation permanenten Drucks (S. 282)
- die Wende des Kriegs (S. 283)

– die Götter des Herds (S. 289)
– des ... Florus-Briefs (S. 317)

Sprache ist ein Geschenk: Als Gottsgabe – pardon: als Gottesgabe – ermöglicht sie es mir auch, weiter ›Gottes Liebe‹ anstatt ›die Liebe Gotts‹ und ›Gottes Vergebung‹ anstatt ›Gotts Vergebung‹ zu sagen.
Was ist eine »horazische Ode« (S. 21, 27, 286, 316)? Die Frage läuft im Kontext der Lefèvreschen Ausführungen darauf hinaus herauszufinden, was das von der Person abgeleitete Adjektiv ›horazisch‹ in Verbindung mit seinem Beziehungswort ›Ode‹ deutlich werden lassen will. Die Antwort: Das mit kleinem Anfangsbuchstaben geschriebene ›horazisch‹ drückt aus, daß eine Ode nach Art und Vorgabe des großen Dichters im augusteischen Rom (= Rom zur Zeit des Augustus) gemeint ist. Keine Textstelle bedarf einer besonderen Interpretation. Gemeint sind stets die Oden, die Horaz selbst gedichtet hat. Seine Leistung wird daher von der deutschen Sprache belohnt: Der Anfangsbuchstabe wird groß geschrieben, das von Personennamen abgeleitete Herkunfts-/Leistungsadjektiv. Eine ›Horazische Ode‹ ist eine Ode, die von Horaz geschrieben wurde. Der Text einer ›horazischen Ode‹ ist außerhalb einer ›Horazischen Ode‹ angesiedelt.
Mit 28 Zeilen ist der Lefèvresche Text der Seite 36 (Erster Teil, letzte Seite) kürzer als gewöhnlich. Gehäuft tritt das Wort ›auch‹ auf:

– Gallus, der sich auch im tätigen Leben bewährte (Z. 3)
– es mochte auch ihn (Gallus) eine gewisse Haltlosigkeit ausgezeichnet haben (Z. 7)
– ein Lebensschicksal (Gallus), das man vielleicht auch aus der unsicheren Zeit heraus verstehen kann (Z. 10)
– Wie auf Vergil dürfte Gallus auch auf Horaz Eindruck gemacht haben (Z. 13)
– Auch er (Horaz) war auf der Suche ... (Z. 26)

Hinter diesen Beispielen versteckt sich Sprachnot und Unvermögen im Umgang mit der Sprache. Schlicht sinnenmatt wirkt die Häufung von ›auch‹.
Kurz vor dem Schlußwort scheint es mir fast unmöglich, der Lefèvreschen Wörter-Ware einige positive Züge abzugewinnen. Denn (Schlußwort): »Das gediegen ausgestattete Buch lockt durch Fülle und Lesbarkeit. Freilich nur an der Oberfläche. Nach Durcharbeit bleibt eine Sammlung von Hunderten von Stilblüten und zahlreichen Fehlern, die ebenso für die Einheit wie für die Fragwürdigkeit von Darstellung und Interpretation zeugen: Lefèvre will Horaz als ›blutvollen‹ Erlebnislyriker präsentieren. Da wir jedoch für die augusteische Zeit ›Erlebnisse‹ nur durch historische Reflexion gewinnen können, bestätigt sich Ronald Symes Einsicht: Kommentatoren sind zu Erfindungen gezwungen; sie kommen mit unpassenden. Maecenas als ›Scherzbold‹, Ovid als ›Springinsfeld‹, das ›Ingangsetzen‹ von Dichtung, das ›Feilschen um den rechten Ausdruck‹, das ›seelische Nichts‹ nach der Niederlage bei Philippi: Floskeln für Dichtung und Leben, übergenug.« (Thomas Poiss, in ›Frankfurter Allgemeine Zeitung‹).
Sprache ist verräterisch – positiv wie negativ.

»Über die Schreiberei der Alltagsköpfe«

Schopenhauer

»Hier hört die Arbeit des Philologen auf«

Hofmannsthal

An dieser Stelle meiner Bemerkungen kann ich der Verlockung nicht widerstehen, eine Passage über ›Schriftstellerei und Stil‹ von Schopenhauer zu zitieren: »Die denkenden Köpfe, die Menschen von richtigem Urteil und die Leute, denen es Ernst mit der Sache ist, sind alle nur Ausnahme; die Regel ist überall in der Welt das Geschmeiß: und dieses ist stets bei der Hand und emsig bemüht, das von jenen nach reiflicher Überlegung Gesagte auf seine Weise zu verschlimmbessern. Daher hüte sich, wer über einen Gegenstand sich belehren will, sogleich nur nach den neuesten Büchern darüber zu greifen, in der Voraussetzung, daß die Wissenschaften immer fortschreiten; und daß bei Abfassung derselben die ältern benutzt worden seien. Das sind sie wohl; aber wie? Der Schreiber versteht oft die ältern nicht gründlich, will dabei doch nicht geradezu ihre Worte gebrauchen, verballhornt und verhunzt daher das von ihnen sehr viel besser und deutlicher Gesagte; da sie aus eigener und lebendiger Sachkenntnis geschrieben haben. Oft läßt er das Beste, was sie herausgebracht haben, ihre treffensten Erklärungen der Sache, ihre glücklichsten Bemerkungen, wieder fallen; weil er deren Wert nicht erkennt, das Prägnante derselben nicht fühlt. Ihm ist nur das Platte und Seichte homogen. – Schon oft ist ein älteres, vortreffliches Buch durch neuere, schlechtere, des Geldes wegen abgefaßte, aber pretentiös auftretende durch die Kameraden angepriesene verdrängt worden. In den Wissenschaften will jeder, um sich geltend zu machen, etwas Neues zu Markte bringen: dies besteht oft bloß darin, daß er das bisher geltende Richtige umstößt, um seine Flausen an die Stelle zu setzen: bisweilen gelingt es auf kurze Zeit, und dann kehrt man zum alten Richtigen zurück. Jenen Neuerern ist es mit nichts in der Welt Ernst, als mit ihrer werten Person: diese wollen sie geltend machen. Nun soll es schnell durch ein Paradoxon geschehen: die Sterilität ihrer Köpfe empfiehlt ihnen den Weg der Negation: nun werden längst erkannte Wahrheiten geleugnet ... Daher ist oft der Gang der Wissenschaften ein retrograder.«

»Diejenigen, welche alle Sprachen so lehren, als ob sie tot wären, nennt man Philologen«, schrieb Hugo von Hofmannsthal (1897). Anders gesagt: Es gibt wenige unter ihnen, welche die Kunst klarer, eigener Gedankenführung beherrschen und dazu das Feingefühl für die sprachliche Form haben. Beides hat mit dem Können zu tun, dem Wichtigsten aller Kunst, das allerdings nicht zu lernen ist. Und Hofmannsthal folgert (1897): »Nicht in den Worten aber liegt das Stärkste dieses Zaubers: es liegt in den Wendungen, in der unübertragbaren Art, wie die Worte nebeneinandergestellt werden, wie sie aufeinander hindeuten, einander verstärken und verwischen, miteinander spielen, ja sich verstellen, und eines des anderen Maske vornehmen, wechselweise einander ihrer ursprünglichen Bedeutung entfremdend. Dies ist ein Gebiet, in welches die Gelehrten fast keinen Zutritt haben. Hier hört die Arbeit des Philologen auf, und der Reiz derer, die zuzuhören verstehen, fängt an.«

Ich füge einen kleinen Prosatext über Horaz an, in dem Sprache dieses Gesicht trägt. Der Text ist ein Stimmungsbild, das in großen Umrissen den Dichter Horaz so erhellt, daß der Leser sofortige Anteilnahme verspürt. Mit den Form- und Sprachmitteln sowie dem geistigen Niveau eines Eulenberg, der Floskeln vermeidet, jedoch aber auch seinen Horaz erfindet und ihn so für den Leser lebendig macht, hätte Lefèvre ein besser ausgeformtes Buch vorlegen können. Seine »historische Reflexion« (siehe Thomas Poiss) läßt vieles vermissen, was dem Leser vom Autor versprochen wird. Lefèvre ›reiht‹, hat keine erzählerische Begabung, ermüdet. Und wenn er eine Handlung »erfindet«, so wirkt sie konstruiert und unpassend. Horaz' lebendiger Geist bleibt ohne Geist.
Eulenbergs Horaz-Skizze ist von besonderer sprachlicher Elastizität. Sie ist also der unbiegsamen Alltagssprache Lefèvres überlegen. Noch ein Beispiel des Freiburger Professors für Klassische Philologie blende ich kontrastiv zu Eulenbergs ›Horaz‹ ein: Diese Textstelle entspricht der sprachlichen Norm Lefèvres: »Horaz' Nachtreter ahmen ihn offenbar total nach, auch im Inhalt, was er selbst gegenüber Archilochos vermieden hatte.« (S. 248)

»Der Stil ist die Physiognomie des Geistes«

Schopenhauer

Klassisch-schöne Sprache und essayistische Kunst: Herbert Eulenbergs ›Horaz‹ (1912)

»Alme sol possis nihil urbe Roma
Visere maius!«
Aus dem ›Carmen saeculare‹

Laß dich hervorzaubern aus dem Abgrund der Vergangenheit, laß deinen Staub und die Asche, zu der du verbrannt worden bist, wieder zum lebendigen Bilde zusammenblasen, guter, alter Horaz, der du wider Willen unser Kinderschreck geworden bist, wenn wir in Prima deine Oden und Epoden mit den Zähnen unsers Gehirns benagen mußten! Und zwar dergestalt, daß wir nach Jahrzehnten noch angsterfüllt von dir träumen können, wie jener alte Engländer, von dem Bulwer erzählt, daß er nicht in Pompeji bleiben wollte, weil er in der Nacht vor seinem Lehrer im Traum deine Verse nicht skandieren konnte und vor einer Wiederkunft dieses Gesichtes mehr als vor einem Ausbruch des Vesuvs erzitterte. Komm hervor aus deiner toten Zeit, du liebenswürdiger Sänger der Liebe und des Weins und der Römertugenden, der du zum Schulgespenst nach deinem Tode so wenig taugtest wie zeitlebens zum Hofmann und Schmeichler deines Kaisers Augustus!
Da bist du schon, und wandelst in deiner gelben Toga auf der heiligen Straße im Abendschatten der Tempel und Hallen, die stolz darauf, dort zu stehen, sich dicht auf dem ›Forum Romanum‹ zusammendrängen. Ein kleines Männchen bist du, zwei Fuß von oben bis unten, wie du dich selbst, voller Lust, dich immer wahrheitsgetreu widerzuspiegeln, spöttisch beschrieben hast. Und wenn zufällig

ein Haufe der ungeschlachten Germanen, die des Kaisers Adoptivsöhne Drusus oder Tiberius als Gefangene nach Rom verschleppt haben, an dir vorübergetrieben wird, schaust du gegen sie wie ein daumengroßer Liliputaner aus: Mit deinem vom vielen Schreiben wie eine Harfe gekrümmten Rücken und deinen kurzen Beinchen, die ein nicht unbeträchtlich Bäuchelchen tragen müssen. Und wenn dich einer deiner späteren Kommentatoren so gesehen hätte, wie du da auf dem Forum lustwandeltest, mit deinen leicht entzündeten kleinen Triefäuglein zu den in der römischen Abendsonne glänzenden Tempelgiebeln aufschautest und als armer Neurasthenikus mit deinen Gesichtsmuskeln wahre Arenakämpfe vollführtest, er hätte sicherlich nicht so viel Mühe darauf verwandt, dich als moralisches Lebewesen zu rehabilitieren. Denn im Mittelalter galtest du im Gegensatz zu deinem Freund, dem heiligen Zauberer Vergil, ob deiner vielen Gedichte an viele Geliebte, als ein unglaublich unsittliches Individuum. Und ein frommer Klosterbruder, der auf Geheiß seines gelehrten Abtes anno 1300 zu seinem Entsetzen deine Gesänge abschreiben mußte, malte erlöst wie der heilige Antonius nach dem Besuch des Teufels aus Eigenem zum Schluß den Spruch hinzu: »Hier endigt das Werk des göttlichen Flaccus, des größten Trunkenboldes und Wüstlings, des genußsüchtigsten Schlemmers« und so weiter in ehrlicher Entrüstung.

Ach, so schlimm war es gar nicht um dich bestellt, armer menschlicher Flaccus, und wenn du auch zum Schrecken der Philologen, die nicht umhin können, dreizehn Geliebte von dir festzustellen und zusammenzuzählen, noch mehr Amouren in deinem siebenundfünfzigjährigen Leben gehabt hättest! Ja selbst dein berühmtes Schlafzimmer und Spiegelkabinett, dessen pläsierliche Einrichtung schon Lessing, dein Retter, in Schutz genommen hat, war für die damalige Zeit etwas Selbstverständliches, und für alle Zeiten nichts Unsittliches. Du tatest, ein lebenslänglicher Junggeselle, niemandem wehe mit deinen Liebschaften, die deiner Poesei und deinem Naturell so notwendig waren, wie dem Karpfen das frische Wasser oder den Erdbeeren die Sonne. Und die hübschen, mundfesten freigelassenen griechischen Mädchen, die Partnerinnen deiner Leidenschaften, eine Chloe, Lydia und Lalage, alle die Plappertäschchen, Kosemündchen, Süßchen, Gräschen, Grünchen, Vergißmeinnichtchen und Mauseöhrchen, wie ihr verliebter Sänger sie mit Kosenamen nennt, bedürfen unserer sittenrichterlichen Einsprache und unseres Schutzes nicht. Sie konnten dich erhören oder verschmähen, wie sie wollten, und machten von dem letzteren Vorrecht, wie deine schönsten Oden klagend verraten, oft mehr Gebrauch.

Nein, man braucht dich nicht zu retten und zu reinigen vor der moralischen Menschheit, die nach dir gekommen ist, du Freund des Mäcenas! Du wußtest Maß zu halten, so gut wie einer der griechischen Philosophen, ein Epikur, ein Zeno und Aristipp, deren Lehren du allesamt als sorgenloser Student und Akademiker in Athen gleich Austern ausgeschlürft und eingenommen hattest. Du wußtest mit griechischem Gewissen deinen Leib zu beherrschen und die Dinge dir, nicht dich den Dingen unterzuordnen, und schiedest nicht als ein hungriger, aber auch nicht als ein übersättigter Gast von dem Mahl des Lebens hinweg. Du hattest noch zu leben als eine Kunst gelernt, was Jahrhunderte nach dir in Völlerei und Maßlosigkeit oder im Fasten und Beten und Vorbereiten auf den Himmel vergessen hatten.

Darum lebtest du sicher in dem seiner Auflösung entgegengehenden römischen Reich wie als Kind im Wald von Venusia, in dem du dich einst verirrt und übernachtet hattest, ohne daß Bären oder Schlangen dich in deinem Schlaf und deiner Unschuld aufgefressen. Als Landkind geboren, war es dir viel lieber, wenn du dich und deine reizbaren Nerven wieder auf dem Landgut geborgen hattest, das deines Mäcenas Freundschaft dir verarmtem Manne, ohne einen einzigen Vers dafür zu verlangen, gespendet. Es lag in einem schattigen Tal, durchströmt von einem reißenden frischen Bach, und ein kleiner Eichenwald gehörte dazu und Viehweiden und fünf Bauernkotten. Und alles war, wie du es dir wünschtest. Dort trugst du deine alten römischen Togen auf und die durchgelaufenen Sandalen. Hobst die Birnen und Äpfel aus dem Gras, die der Wind in der Nacht heruntergestoßen hatte. Zähltest die Eier, die die Hühner und Enten gelegt, und die Rosen, die aufgeblüht, und die Stecklinge, die nicht angegangen waren. Und tunktest deine Nase wie ein Kranich in eine Kalla und trankst den Duft daraus, oder legtest dich ins Grüne neben den schwarzen Taxushecken und überließest, die heißesten Stunden verschnarchend, die Welt ruhig dem Augustus. Am Abend sahst du den letzten Bienen zu, die im Schatten müde über die Levkojen huschten und ihren Korb suchten, oder lauschtest dem Singsang deiner Sklaven, die in der Mühle die Oliven zerstießen oder mit bloßen Füßen im Herbst die Trauben zertraten, daß ihnen der rote Most bis an die Knie spritzte.
Du warst selber weder ein Trinker noch ein Schlemmer und nahmst von Iden zu Iden oft das gleiche zu dir: Erbsen, Küchenlauch oder anderes frisches Gemüse und ein Stück Zicklein- oder Schöpfenbraten, eine siebenmal durchsiebte feine Mehlspeise hinterdrein geschickt, und mit zwei Bechern billigen Landweins bespült: das war dein gewohntes Mahl jahraus, jahrein. Das aßt du voll Zufriedenheit, καθ' ἡδονήν, wie die Griechlein sagten, in dich hinein, und kautest, daß dir die Stirne wackelte, und beneidetest dabei nicht den dummen Rusillus um seine Muränen noch den asthmatischen Persius um seine Fasanen und Stopfgänse. Du warst ein guter Haushälter und milder Herr und ließt dir an einem römisch republikanischen Feiertag von einem deiner Sklaven, dem treuen Davus, selbst einmal die Wahrheit sagen und lachtest darüber, wie du in dessen Kopf dich ausmaltest, als hättest du in einen Vexierspiegel geschaut. Alle Abende aber nach den faunisch fröhlichen Tagen deines bukolischen Lebens griffeltest du auf, was dir der Tag zugetragen. Und dichtetest nach dem Versmaß der griechischen Lyriker, deiner Meister, als erster in Italien jambische Oden, und ließt die schwere römische Sprache durch zierliche Ringe springen. Oder du diktiertest mit dem Rücken auf einem Polster wie beim Triclinium liegend, alle Gedanken von deinem Peristyl nach Rom aussendend, einem gelehrten Sklaven eine echte latinische Satire auf die Papyrusrolle, in der du den lachenden Sittenrichter deiner Zeit spieltest. Denn noch herrschte kein wahnsinniger Cäsar über Rom, und du brauchtest noch nicht wie Juvenal Schwefel und Pech und Rache über das Forum herabzuwünschen. Oft aber sah man dich auch schon in der dunklen Frühe, die Toga unordentlich übergeworfen, aus deinem Schlafgemach in das Atrium hasten, wo vor deinen Hausgöttern nachts über die ewige Ampel brannte. Und du entzündetest ein Kienholz, trugst es in deine Schlafkammer zurück und stecktest deine Öllampe an. Dann nahmst du deine

Verse vor und zupftest und striegeltest wie an einem struppigen Gaul an ihnen herum. Denn du gehörtest zu den gewissenhaften Selbstbeschauern unter den Poeten und formuliertest deine ›ars poetica‹, und brütetest neun Jahre über deinen Gedichten, ehe du sie von dir fortlaufen ließt. Und es konnte vorkommen, daß dir angstschweißbedeckt im Schlaf oder Traum eine falsche Cäsur oder ein vergessener häßlicher Hiatus wie ein hartes Stück unverdauten Ziegenkäses aufstieß.

Im Winter, wenn der zackige Rücken des Sorakte vom Schnee bedeckt wie weißer Marmor gegen den Horizont glänzte, litt es dich nicht mehr auf deinem harten, kalten Landgut in den Sabinerbergen. Dann zogst du aus deiner Pastorale mit geringen Habseligkeiten, die zwei Maultiere bequem tragen konnten, in die ewige Stadt hinunter. Dort wohntest du in irgendeiner hohen Mietskaserne oder ›insula‹ auf zwei Stuben wie ein kleiner Rentner ein paar Monde lang. Spaziertest vormittags auf das Forum, auf dessen grünen Trümmern heute deutsche oder englische oder amerikanische Touristen grasen, und fischtest von den römischen Quiriten, die immer truppweise, wie jetzt noch, gleich Verschworenen zusammenstanden, ein paar Neuigkeiten auf, die du schon vorgestern im Palast des Mäcenas als unrichtig verspotten gehört hattest. War der Schatten der Sonne auf der großen Uhr am Kapitol ein wenig gesunken, so schlendertest du in irgendein Schwitzbad, und ließt dir dein Bäuchlein und deinen Rücken klopfen und reiben wie ein Stück Schmorbraten. Und hörtest dich dabei krümmend zu, wie einer deiner Gegner und Tadler, ein Pantilius oder Tigellius, statt sich vor Scham über sein eigenes Gestümper an der kalten Brause aufzuhängen, einem Kreis nichtsahnender schwimmender Römer laut wie ein Rabe seine neuesten Liebeslieder vordeklamierte. Oder du gingst, solche Schandtaten vorausahnend, in irgendeines der runden oder halbrunden Theater, von deren verfallenen, überwucherten Marmorbänken und Bühnen heute das Gras abgesichelt wird. Und sahst dir dort eine atellanische Posse an, wo im latinischen Bauerndialekt lustige Stücke vielfach aus dem Stegreif gespielt wurden, antike Nestroyaden, in denen der Hanswurst mit dem pausbäckigen Einfaltspinsel oder dem buckligen gefräßigen Philosophen aneinander geriet, bis irgend ein polternder oder begaunerter Alter mit dem Knüttel dazwischen schlug.

Am liebsten aber gingst du gleich, ohne dich von irgend einem Schwätzer an einer Straßenecke aufhalten zu lassen, in den Palast des Mäcenas auf dem stillen Hügel des Esquilin. Dort zwischen Mosaiken und Statuen, ewigfließenden Brunnen und Büchern war dir am wohlsten. Und abends, um die Stunde, da heute von den unzähligen Kirchen Roms eintönig der Angelus über die Stadt gehämmert wird, fühltest du dich im Strahl der scheidenden Sonne, von den Freunden Varius und Vergil umgeben, im Schutz deines mächtigen aus etrurischem Königsstamm entsprossenen Herrn oben in seinem Palais wie in Attika. Die freie musische Luft, die den Mäcen umwehte, war dir dreimal süßer und angenehmer als der kalte Hauch, der den spöttischen Kaiser auf seinem Palatin zwischen Prätorianern wie einen Gott umstrich. Bei deinem Mäcen verlerntest du bald das Stottern und Verlegensein. Er war ein ›homo novus‹ und ein Fremdling in Rom gleich dir, der du bloß der Sohn eines wackern Freigelassenen und Gerichtsvollziehers aus Apulien warst. Und dein Mäcen liebte die Kunst wirklich

mit allen seinen Eingeweiden, während sie dem Augustus mehr gleich Ludwig dem XIV. von Frankreich eine dankbare prunkvolle Dekoration seiner glanzvollen Regierung bedeutete.
Darum miedest du, unpathetischer Sänger, die Nähe des Palatins und des Monarchen, der am liebsten griechisch witzelte wie Friedrich der Große französisch, und ließt dich nicht zum Hofdichter, ja nicht einmal zum Hofbeamten machen. Und dabei hast du – und das hebt dich über alle deine andern Mitpoeten! – Roms Größe und Bedeutung gefühlt wie keiner. Dir war Rom und seine Geschichte viel mehr als dem Vergil dessen Heldengedicht vom Äneas, das er gleich unsern heutigen Hofpoeten auf Kommando ausgeführt hatte, mehr der Majestät des Kaisers als der des römischen Volkes gegolten hat. Du warst ein echter alter Römer und Republikaner. Du hattest mit Brutus, dem Tyrannenmörder, bei Philippi um Roms Freiheit mitgekämpft, ehe du in der allgemeinen Flucht deinen Schild wegwarfst und das Hasenpanier ergriffst und dachtest: »Lieber Sklav' als tot!«
Aber dem unsterblichen Patrioten in dir ward oft bange vor der immer mehr wachsenden Majestät des Imperators und der immer mehr schwindenden Bedeutung des Volkes von Rom. Du fühltest dich fremd unter diesen Knechten, die um das Kapitol der einstigen Quiriten heranwuchsen. Nur dein Mäcenas gab dir noch Beispiel und Mut zum Dasein, er, gegen den alle späteren, die seinen Namen als schönsten Menschentitel beanspruchten, nur Stümper in der Großmut waren, er, der noch in seinem Testament an den Kaiser schrieb:
»Des Horatius Flaccus sei wie meiner selbst eingedenk!«
Darum siechtest du ohne diesen deinen Schutzherrn und Freund dahin wie eine Blume im Schatten und folgtest ihm zwei Monde später in das Reich des Schweigens. Auf dem esquilinischen Hügel wurdest du verbrannt und neben der Urne deines großen Gönners beigesetzt. Der Kaiser aber ließ während der Trauerfeier dein ›carmen saeculare‹, dies herrliche Loblied auf Rom, das einzige festliche Gedicht, daß er dir abgerungen hatte, in allen Tempeln anstimmen. Und er schaute von seinem palatinischen Palast dem Rauch deines Leibes nach, der düster über das Forum hinwegzog, und dachte deiner Verse dabei:

»Aufgerichtet hab' ich ein Werk,
dauernder als Erz und höher als Paläste und Pyramiden.
Ewig wächst noch mein Ruhm, solange der Oberpriester
mit der schweigsamen Jungfrau, der edlen Vestalin,
opfernd emporsteigt zum Kapitol und zum höchsten der Götter!«

Und er ahnte nicht, daß du, während alles dieses, Menschliches wie Göttliches, zertrümmert und verstaubt war, dereinst noch von den größten Feldherren späterer Jahrhunderte, von Friedrich dem Großen und von Napoleon, mit in ihre Kriege genommen wurdest, als liebster Gefährte!

Wüßte sich Horaz durch diese Zeilen für sein Werk belohnt? Vielleicht, vielleicht auch nicht. –

Am Ende meiner Darlegungen erlaube ich mir, von meinen Lesern die Beobachtung zu fordern, daß es zu viele Zitate in diesem Büchlein gibt. Ich will gerne eingestehen: Sooft ich es vermochte, habe ich mich dem Lefèvreschen Zitatengeplauder angepaßt und, wie er, große Geister zitiert. Dabei bin ich mir, zweifellos, meiner menschlichen Schwächen bewußt, der Kritik, der Nörgelei. Der wissende Leser jedoch verurteilt die allgemein verbreiteten Sprach- und Schreibschwächen der Menschen unserer Zeit, vor allem, wenn er von der Wirklichkeit der Hochschulen nicht abgeschnitten ist. Er verabscheut die selbstzufriedene Tugendhaftigkeit gewisser Hochschullehrer mit ihrer gräßlichen Moral, die oftmals daran hindert, zugunsten der jungen Menschen zu entscheiden, die besser als ihre Lehrer forschen und gestalten können, die ihrer Arbeit einen Inhalt und auch Charakter verleihen sowie sich in ihrer Intelligenz nicht erniedrigen lassen. Die offenkundige sprachliche und gedankliche Kläglichkeit eines Lefèvre sah mich vor die Aufgabe gestellt, mit offenem Visier ein wenig gegen ihn als einen Vertreter unserer universitären Attrappengesellschaft anzukämpfen, die auf ihren Schein besteht, gernegroß und flachköpfig ist. Tagaus, tagein habe ich als Verleger/Lektor mit dieser Gesellschaft zu tun. Beruflich kämpfe ich ständig gegen seichten, dünnen geistigen Firnis, gegen Sprachverkleisterung, bessere beschränktes sprachliches Können so auf, daß zumindest ein Minimum für die (wissenschaftliche) Abhandlung erreicht wird. »Ich bin Professor und kann schreiben, ja schreiben kann ich, und ich bin Professor.« Wer so ›insistiert‹ und ›sich skandiert‹, ›determiniert sich‹ natürlich als Genie.

Titel-Kupfer der ›Moralia Horatiana‹

Auflage von achthundert Exemplaren
Satz und Druck durch die Offizin Chr. Scheufele, Stuttgart
Papier von der Papierfabrik Salzer, St. Pölten
Bindearbeiten von Heinr. Koch, Tübingen
Die Gestaltung erfolgte durch Peter Keidel und Guido Pressler